Réquiem para América Latina

Postcastrismo y globalización

Alberto A. Zalles

ISBN-10: 1542388562
ISBN-13: 978-1542388566

A la memoria de Paul-Henri Spaak

*Ser de la izquierda es, como ser de la derecha,
una de las infinitas maneras que
el hombre puede elegir para ser un imbécil:
ambas, en efecto, son formas de hemiplejía moral.
Además, la persistencia de estos calificativos
contribuye no poco a falsificar más aún
la "realidad" del presente, ya falsa de por sí,
porque se ha rizado el rizo de las experiencias políticas
a que responden, como lo demuestra el hecho de que
hoy las derechas prometen revoluciones
y las izquierdas proponen tiranías.*

José Ortega y Gasset,
La rebelión de las masas. 1937.

INTRODUCCIÓN

¿Qué impacto tendrá la muerte de Fidel Castro en el futuro acontecer político de los países latinoamericanos y en la dinámica de la integración regional?

El fallecimiento del cabecilla cubano, además de convertirse en un nítido punto de inflexión histórica, se convida como un pretexto oportuno para repensar el porvenir de la región.

La escena planetaria y en particular la latinoamericana se ven, desde el pasado diciembre de 2016, privadas de los siempre controvertidos pronunciamientos de Fidel Castro. El vacío perturba a la clase política latinoamericana, especialmente de izquierdas; y, de manera insignificante, repercute en el acontecer societal, en la cultura política, en la concepción de la democracia y en la distribución del poder y de las desigualdades.

Por otro lado, a partir de los ensayos propuestos en el volumen, se podrá llegar a concluir que las mutaciones sociales y políticas, en Latinoamérica, hoy, vienen empotradas a la globalización, y, de ninguna manera, son el resultado de los procesos ideológicos y de los acontecimientos endógenos, por muy trascendentales que estos parezcan. En tal sentido, la herencia postcastrista será insípida y fútil. Porque, contrariamente a lo que pudo ocurrir, y que quizás la derecha lo esperaba, la muerte de Fidel Castro no viene acompañada de reformas en la isla ni de impactos políticos, en el resto del Continente. Pues, además, si avistamos la conducta general de la clase política latinoamericana, percatamos que ésta perpetúa una cultura pre-moderna y permanece abúlica frente a las ya irreversibles metamorfosis globales. Empleando otra fórmula, el capitalismo, hoy, constituye un sistema universal; las fronteras son cada vez más permeables; y, las finanzas, el comercio, la organización de las fuerzas productivas y de las relaciones de producción ya no responden a la regulación estatal que, a su turno, inhibe la innovación y la creatividad en el seno de las instituciones políticas.

Ahora bien, es ocioso continuar percibiendo el Continente como una miscelánea de sociedades periféricas y dependientes. Hoy los factores internos y externos, desde los cuales se quiso explicar el desarrollo, resultan matrices vetustas; o, en todo caso, ya sólo fungen como balizas de explicación etéreas.

La política y los sistemas políticos y partidarios han perdido razón de ser; y no únicamente en América latina, sino en el conjunto de las democracias del mundo.

Los partidos políticos ya no convocan a los individuos con proyectos cívicos de clase; la mayor parte aglutinan a los electores en torno a promesas ultranacionalistas, bajo patrones "étnicos" o clientelares. Cuando no, sustituyen valores y principios cívicos por slogans que hacen de la comunicación el pívot de las estrategias electorales[1].

En los hechos, los partidos políticos carecen de instrumentos efectivos que les lleven a encarar los problemas globales: los conflictos y las guerras, las desigualdades sociales y regionales, la crisis medioambiental, el desempleo, la ineficacia de los sistemas de protección social y de los sistemas educación pública.

Las masas, huérfanas de respuestas consistentes, de certitud en el día a día, se rinden con facilidad a la seducción populista que esgrime un nacionalismo anacrónico y autodestructivo. El mismo escenario en Inglaterra y en Nicaragua. El mismo estilo discursivo altisonante, beligerante y elemental en Francia y en Venezuela.

Y una sola cosa es evidente, a la hora actual, la sociedad sigue los avatares de las poderosas entidades económicas y financieras que, por su composición versátil, ellas mismas están modeladas por las fluctuaciones del mercado bursátil y de la compra y venta incesante de la propiedad de las empresas.

Los consorcios multinacionales se han convertido impersonales y, por tanto, ingobernables a la voluntad de los Estados. Así, estas gigantes entelequias económicas y financieras, muy eficaces para el enriquecimiento privado de una minoría, paradójicamente, amenazan el bienestar ciudadano colectivo y la democracia: los verdaderos pilares del libre mercado.

"El mundo es una aldea", es un eslogan que se escucha

---

[1] En Inglaterra el Partico Conservador, contra el proyecto de la Unión Europea, se adscribió al ultranacionalismo que impulsó el *Brexit*, sin medir las consecuencias geopolíticas que implica su salida de UE en el equilibrio regional. Otro caso es el interés *prorroguista* de Angela Merkel, en Alemania, que por seducir al electorado verde, se embarcó en una política antinuclear que a mediano término compromete la dependencia energética de su país.

en todos los vecindarios; sin embargo, lo que nadie aún puede proponer, porque no se lo ha imaginado, es la forma de un gobierno transnacional que pudiese gobernar la realidad global.

En medio de esta coyuntura, del imperativo global, la clase política latinoamericana, de izquierda y derecha, se muestra intelectualmente desarmada y, en lugar de manifestarse en consecuencia, actúa como una caterva oficiosa, demagógica, que no se enteró que la política de partidos y de ideologías está obsoleta.

¡Sí, señores, la política se ha vuelto arcaica!

O, en todo caso, aquella política que conocíamos antes de la disolución de las fronteras, de la irrupción de internet y de la "restauración" del equilibrio multipolar marcada por la expansión económica y financiera de China y la vuelta en escena de Rusia[2].

A propósito, las potencias orientales se preocuparon muy bien por su *aggiornamento*; pues, el comunismo está enterrado y quienes lo sepultaron no fueron las tropas de la OTAN, sino los mismos comunistas: Cuba, Vietnam, Rusia y la China que comprendieron que la industria, el turismo y los servicios no funcionan sino bajo la eficacia del *business management*.

En el cambalache al cual asistimos, la geopolítica mundial se actualiza bajo el estallido de una guerra anti-islámica, ambigua, que felizmente no resuena en América Latina; pero clava la estocada mortal a una Europa cuya

---

[2] La retoma de Alepo por las fuerzas gubernamentales Sirias, con el apoyo de Rusia, el pasado mes de diciembre de 2016, puede percibirse como una revancha a la caída del muro de Berlín en 1989. Las consecuencias todavía no pueden anticiparse, aunque se puede afirmar que este reacomodo geopolítico no traerá la restauración ideológica del comunismo.

fuerza humanista está extraviada en el romanticismo ecologista –que empeñó su autonomía energética–, el envejecimiento de su población y en sus incapacidad de asimilar a los inmigrantes.

En cuanto a la cultura política latinoamericana, ella expresa las pulsiones populistas de la clase política: su voluntad de dominación como única meta. Esta manifestación caprichosa esteriliza el funcionamiento racional, formal, institucional, del Estado y, en su lugar, envuelve la sociedad civil bajo la ruana obscura y espesa del clientelismo; todo para garantizar el acceso y la preservación del poder a una ralea liliputiense de codiciosos embaucadores.

En tal escenario la administración del Estado semeja una piñata para la rosca que complace al incontestable caudillo, apellide este: Fujimori, Chávez o Dupont.

Y, entre tanto, la sociedad ensancha sus desigualdades y los partidos chapalean sobre un antagonismo postizo y divididos por un maniqueísmo doctrinario y farisaico que se amaña para arrastrar detrás suyo a la masa de individuos dóciles.

La clase política misma está desestructurada y carece identidad corporativa, salvo excepciones, como en México, Chile y Colombia, para bien o para mal.

En el resto de los países los partidos políticos no constituyen asociaciones de iguales; entidades orgánicas capaces de fraguar, en proyectos sociales, los interés individuales.

En México el PRI supo cultivar y mantener el espíritu que guiaba la distribución del poder entre los adherentes, en los partidos modernos.

En Chile demócrata cristianos, liberales y socialistas mantienen por sobre todas sus desavenencias una razón de

Estado, un espíritu nacional.

En Colombia la organicidad partidaria guarda una tradición corporativa.

Expuesto lo anterior, pasamos a dar una pincelada acerca de los ensayos reunidos en el libro. Ellos muestran algunos de los elementos que están determinando el perfil actual de la sociedad latinoamericana.

En el primer ensayo, al abrir el debate sobre la era postcastrista, realizamos un balance del caudillismo populista y lo presentamos como el factor principal de la desintegración geopolítica regional. El caudillismo populista acarrea de manera obcecada un nacionalismo provinciano, cuya verdadera meta es la dominación local y, por tanto, es insensible a la tarea de construcción de bloques de integración económicos, políticos y culturales duraderos, de instituciones capaces de existir y funcionar más allá de la diferencia ideológica; aunque, naturalmente, su retórica clama por una "Patria Grande" que, geográficamente, parece situarse en el limbo imaginario del realismo mágico. En el ensayo tocamos dos momentos que marcan la malaventura neo-populista: las protestas brasileras previas a la celebración de la copa mundial de fútbol 2014 y los funerales del comandante bolivariano Hugo Chávez.

En el segundo ensayo: "¿Réquiem para América latina? Ciencias sociales, globalización y recomposición de las Américas." sostenemos que la influencia de los Estados Unidos, en el desenvolvimiento de las ciencias sociales en América latina, forma parte de un profundo proceso de recomposición geopolítica y cultural que involucra a todo el Continente Americano. Sugiere que los factores de cambio se revelan en la diversificación producida en el seno de la identidad política y económica de las naciones, en los procesos demográficos y migratorios globales, y, también, a nivel cultural e intelectual, en la disminución de la influencia de Europa en América latina.

En el tercer ensayo: "El laberinto de la identidad: la diáspora latinoamericana y recomposición de las Américas" vemos el impacto de las migraciones en la recomposición geopolítica e imaginaria de la América latina; y lo vemos desde Europa, porque este continente acogió, en la última década del siglo XX, una gran ola migratoria proveniente de América latina, particularmente España. También porque entre Europa y la América latina siempre hubo un flujo de intercambio cultural y humano. De otra parte, la migración de los latinoamericanos hacia Europa permite realizar un ejercicio comparativo con el de la presencia de los " hispano" en los Estados Unidos. Asimismo, la revisión de la cuestión migratoria nos ayudará a echar un vistazo a los mecanismos que actúan detrás de la evolución de la identidad y las mentalidades.

En cuarto lugar, presentamos el ensayo: "Bolivia: ¿llegó el *take-off* del desarrollo?" Este es un trabajo que examina una realidad específica y particular y, desde un enfoque microscópico, provee un contexto histórico útil para la percepción crítica de la actual coyuntura de crecimiento económico que franquean por el momento los países latinoamericanos. Exponemos el caso concreto de Bolivia, cuya bonanza excepcional marcó, en 2014, un crecimiento de un 5,5%. El dato, situado en el la línea del desenvolvimiento boliviano contemporáneo, expresa una ponderable conversión cualitativa del sistema económico. Por otro lado, sostenemos que el mecanismo de activación del despegue económico del país, del flujo ascendente producido por las fuerzas productivas, está inducido por la dinámica de reordenamiento global del capitalismo. En ese contexto, Bolivia adquirió la ventaja del hecho de encontrarse situada en medio de la ruta de intercambio de dos de las más importantes potencias emergentes: el Brasil, en el ámbito regional, y la China, en el espectro mundial.

Bien, expuesto el panorama, subrayemos que el "réquiem para la América latina" está referido a la inoperancia e inviabilidad geopolítica de la integración latinoamericana, cuyo obstáculo mayor fue y sigue siendo el caudillismo populista. Así, de ninguna manera, el hipotético diagnóstico tiene que ver con los aspectos culturales de la afinidad que guardan los países, los ciudadanos del Continente. Dicho de otra forma, la América latina constituye y constituirá, por mucho tiempo, un campo cultural homogéneo, cohesionado por la cultura popular, el arte y la lengua española; además el campo cultural se ve reforzado por el mestizaje y por la disposición que tienen, a mantener una identidad común, las diásporas latinoamericanas establecidas en Estados Unidos, Canadá y en Europa. Es esta unidad cultural que engaña a los latinoamericanos y que les hace creer que comparten un destino común y que su integración política es un proyecto plausible.

LA ERA POSTCASTRISTA

"Para un justicialista
no puede haber nada mejor
que otro justicialista."

Juan Domingo Perón,
Las veinte verdades del justicialismo.

La mayoría de los analistas de la América latina coinciden en que el 25 de noviembre de 2017 marca, en el Continente, en una perspectiva política, el fin del siglo XX. Y esto porque Fidel Castro llegó a constituir una encarnada síntesis de los movimientos reformistas y revoluciones nacionalistas que proyectaron modernizar la sociedad latinoamericana. Todos los grandes proyectos nacionalistas, fuertemente impregnados de ideología socialista, encontraron su motivación en la modernización de la economía y la integración de los excluidos a la vida política, a la educación y al mercado, como consumidores. Las masas de campesinos, obreros e indígenas, según las particularidades de cada país, fueron reivindicadas políticamente por el nacionalismo y movilizadas a ese efecto para alcanzar la reforma agraria, la igualdad ciudadana y la justicia económica; las versiones más utópicas prometían el comunismo, como fue el caso en Cuba.

Castro y su revolución recuperó, dentro la alquimia ideológica que inventó, el pensar y la acción del catálogo de líderes nacionalistas que tuvo Latinoamérica en el pasado siglo: del mexicano Francisco Villa al argentino Juan Domingo Perón. Y por eso simpatizó con Velasco Alvarado y Omar Torrijos, militares con los cuales pudo haberse sentado a fumarse un habano, a discutir de antiimperialismo, pero jamás a concertar seriamente una estrategia de integración continental. Fidel Castro a lo largo de su vida, más allá del discurso, fue incapaz de proyectar una confederación política continental al estilo europeo.

Fidel Castro es el último dictador latinoamericano del siglo XX, en un continente cuyos meandros de su historia estuvieron saturados de dictadores. La fuente de su originalidad y excepción está en que fue el único dictador de "izquierda", entre centenares de dictadores de "derecha". Su fuerza y la clave de su longevidad política: haber mantenido una alianza activa, estrecha, con una superpotencia, con la Unión Soviética.

La estratégica coalición a la que llevo a Cuba, le permitió subvencionar un sistema comunista dentro un país agrario y marginal que, hoy, ironía de la historia, como retornando a un punto de partida fatídico, encuentra en el turismo el pilar garante de sus ingresos.

Pero el costo de la mancomunidad no fue gratuito, porque obligó a Cuba a participar, como protagonista, en batallas cruciales de la guerra fría.

Las Fuerzas Armadas Revolucionarias (FAR) desplegaron tempranamente brigadas, unidades o divisiones enteras: en la *Guerre des Sables* que enfrentó a Marruecos y Argelia, 1963; En la guerra de *Yom Kipur*, al llamado de la República Árabe de Siria, entre 1973 y 1974; en Etiopía y Somalia, a partir de 1977; pero su mayor campaña militar fue la librada en Angola, cuyo desenlace en la batalla de Cuito Cuanavale, 1988, contribuye ostensiblemente al fin del apartheid en Sud-África.

Ni que decir, en América latina, donde Cuba estuvo como sombra de los movimientos guerrilleros. En Nicaragua, país en el cual las FAR jugaron un rol eficaz en el sostén y la planificación de la táctica militar que llevó a los Sandinistas al poder, en julio de 1979, los oficiales cubanos, entre los cuales destacó el entonces coronel Antonio de la Guardia[1], dirigieron, desde el punto de vista táctico, logístico y operativo, el final de la guerra; además, transformaron las células guerrilleras del FSLN en divisiones de tropa capaces de operar como un ejército regular, en la marcha final hacia la toma de Managua, para aplastar al régimen Somocista.

Es difícil determinar la cifra exacta de combatientes que Fidel Castro movilizó en todos los conflictos; tampoco el número de bajas que sufrió. Un cálculo moderado puede considerar que al menos dos centenares de miles de soldados estuvieron en trincheras extranjeras; un número que, por cierto, haría sonrojar a los jefes militares chilenos, cultores de las alegorías y de las marchas militares prusianas.

---

[1] Ver: Norberto Fuentes (1999). *Dulces guerreros cubanos*. Seix Barral, Barcelona, 1999. También: Ileana de la Guardia (2001). *Le Nom de mon père*. Denoël, Paris.

Ahora bien, el pacto con la Unión Soviética fue denso, como corresponde a las alianzas que definen las grandes apuestas hegemónicas y del género que las potencias ofrecen a sus más caros aliados; es decir, como una empresa que sella un destino común que glorifica. Así, oteando el porvenir, es difícil pensar que después de Fidel Castro, Cuba o algún otro país latinoamericano logren la calidad de aquella densidad en una eventual relación con las potencias o los bloques geopolíticos mundiales. Otro aspecto singular, esta vez en lo que respecta a la explicación del dominio que ejerció Fidel Castro, es que el parentesco adquirido con la URSS le dio la posibilidad de forjar un ejército profesional, brioso en el campo de batalla y muy disciplinado, como pocos en América Latina.

El ejército cubano, antes que el Partido Comunista, puede ser considerado como la fuente principal del poder de Castro. El control directo de Castro sobre el Ministerio del Interior, un organismo militarizado, y el ministerio de las FAR constituyeron las piedras angulares del dominio del caudillo de la revolución.

Entonces, visto desde ese ángulo, el régimen cubano se homologa nítidamente con los sistemas autoritarios sustentados por los fuerzas armadas y que permitieron a ciertos altos oficiales latinoamericanos, como Anastasio Somoza, Alfredo Stroessner o el mismo Augusto Pinochet, acceder y sostenerse en el poder por largo tiempo.

Por otro lado, ya en una prospectiva, podemos plantearnos la hipótesis de que el futuro político, los conflictos y las crisis venideras en Cuba, estarán relacionados directamente con la evolución interna de la institución armada; dicho de otro modo, las reformas políticas que lleve adelante el Partido Comunista Cubano se correlacionarán con el grado de espíritu de cuerpo que se mantenga, se desarrolle o se disuelva en el seno de las FAR.

Asimismo, es importante señalar que el modelo militar-autoritario ha caducado en América Latina, porque la sociedad civil ha consolidado, como patrimonio, la democracia multipartidaria, a pesar de sus anomalías, y esto gracias, entre otras cosas, a los siguientes factores: erradicación del analfabetismo, creciente urbanización, ensanchamiento de la clase media y, sobre todo, merced al desarrollo global de las redes sociales que han permitido una circulación más eficaz y transparente de la información.

El último intento de imponer un régimen militar autoritario vive aún su fracaso, nos referimos al proyecto del coronel Hugo Chávez, que tuvo fuerza mientras este estaba con vida y el ejército reconocía su mando.

Y aquí cabe otra digresión, en América latina, continente de paz, la violencia fluye de la corrupción, de la delincuencia, del narcotráfico y no de la guerra; son contados los ejércitos, y por ende sus sociedades, que experimentaron la guerra como una experiencia total emprendida contra un enemigo exterior: grandes campañas, campos de concentración, destrucción de ciudades y grandes desplazamiento de población o aniquilamiento de población civil. En breve, en América latina son pocos los ejércitos nacionales que adquirieron y confrontaron su disciplina en las trincheras guerra; condición que, *a posteriori*, define la conducta de las masas.

Entre los países que pasaron por la experiencia bélica está México, cuya historia de conflictos es larga. Allí, las luchas interiores, condicionadas por la situación geopolítica y la cultura de la clase política, siempre se proyectaron hacia el exterior. Así, la confrontación con los Estados Unidos le exigió una disposición militar activa. Los momentos determinantes fueron, por ejemplo, la guerra de fronteras,

1910; y la ocupación de Veracruz, 1914. Asimismo, con anterioridad, en el siglo XIX, durante el periodo del emperador Maximiliano, 1862 a 1867, México ya hizo frente a fuerzas extranjeras, a la invasión francesa. Pasado el tiempo, en un pasaje de la Segunda guerra mundial, México se vio directamente involucrado en el conflicto, cuando algunos de sus barcos petroleros fueron atacados por la armada alemana y cuando un destacamento de aviación, la Brigada 201, se uniría a la aviación estadounidense, en la campaña del Pacífico. Los aviadores mexicanos intervinieron en el área de Filipinas.

Siguen Paraguay y Bolivia que, enfrentados en la guerra del Chaco, experimentaron de manera viva una devastación bélica que duró varios años y que se cobró la vida de varias decenas de miles de soldados.

Finalmente está la Argentina que, en un torpe cálculo táctico y estratégico, se embarcó, en 1982, en la ocupación de las Malvinas; el resultado, si bien fue desastroso, probó empíricamente la potencia bélica de su ejército.

Un caso aparte es el del Ejército Colombiano, cuyo estatus es más bien el de una policía militarizada que siempre puso a raya a las guerrillas agrarias que se desarrollaron en los años sesenta y que, poco a poco, adquirieron una gran capacidad de fuego y de acción operativa.

Los ejércitos del resto de países son vulgares milicias que si sobresalieron fue en la represión del movimiento popular que, las más de las veces, sólo se alborotó por hacer valer sus derechos, la democracia o la restitución de las elecciones.

Volviendo a lo que nos atañe, a la densidad de la alianza que Fidel Castro supo tejer con la Unión Soviética, digamos que esta surgió cual un golpe intempestivo y providencial:

Fidel Castro la aprovechó oportunamente, pues además sabía de la ventaja geopolítica de la Isla. Por otro lado, si observamos la relación establecida por la URSS con los países de la Europa del Este, ninguno de aquellos consiguió una autonomía política como la que gozó Castro; eso, sencillamente, por la enorme distancia existente entre la Habana y el Kremlin. Los países de Europa del este, jamás tuvieron autonomía política respecto de Moscú, y, lo que es peor, no pudieron preservar la política interior, porque sus instituciones estaban penetradas por la omnipresente KGB. Fidel Castro, en este caso, fue celoso y logró desarrollar un sistema de inteligencia propio y compartimentado.

La dependencia cubana fue diferente; así, por ejemplo, la Unión Soviética en momentos cruciales, cuando vio descabellado arriesgar sus intereses por la salvaguarda de la pequeña isla bananera, no titubeo en sacrificarla.

Primero, cuando Nikita Jrushchov prefirió la *entente* con Estados Unidos.

Y luego, cuando Mijaíl Gorbachov, años después, retiró las subvenciones que sostenía el funcionamiento del sistema socialista cubano.

Las dos circunstancias mostraron descarnadamente a los verdaderos patrones de Cuba. Pero bueno, pese a todo, la perspicacia de Fidel fue respetable, pues con él, Cuba se mostró como el único país que desarrolló, en América latina, una alianza densa con una potencia del calibre de la Unión Soviética; los demás, casi todos vivieron en la periferia, salvo aquellos que cuentan con una diplomacia madura: México, Brasil, Argentina, Colombia y Chile.

México por su posición geoestratégica, a pesar que la retórica nacionalista lo niegue, fue siempre el mejor aliado de los Estados Unidos. Los intereses que unen a México con los Estados Unidos son estructurales; fundamentalmente de orden económico, y es difícil que esta alianza pueda debilitarse. La clase política mexicana le gusta cultivar un antiamericanismo demagógico, vocinglero, que nunca es tomado en serio por los estadounidenses[2].

Brasil en virtud de su valor demográfico, espacial y económico, mantuvo una neutralidad ejemplar respecto de las potencias y nunca se comprometió en alianzas de tipo militar.

Argentina, como el Brasil, guardó una neutralidad que fue quebrada momentáneamente durante la Guerra de las Malvinas, que por otra parte, la definió como país eminentemente occidental; pues en el momento no logró ni siquiera levantar una leve simpatía por parte del bloque soviético, que todavía se encontraba en pie y que permaneció indiferente al conflicto.

Colombia es un país decididamente adepto de los Estados Unidos. Convive bajo una alianza tacita. De ahí la energía y constancia con las cuales el sistema político supo resistir por más de cuatro décadas a la insurgencia guerrillera, que, dicho sea de paso, gozó de una compleja cobertura logística y militar exterior e interior. No es casual que mientras el resto de países latinoamericanos se hundieron en una crisis económica, en los años ochenta, Colombia fue el único país que conservó una estabilidad financiera que evitó la quiebra de su industria nacional.

Y finalmente tenemos Chile, cuya política aislacionista es hábilmente desarrollada por su clase política. Chile constituye sino un aliado, un socio privilegiado de Estados Unidos y de Europa. Y el momento clave para entender la

---

[2] Ni siquiera el discurso antimexicano de Donald Trump pone en cuestión una posible ruptura de alianza con México. La política anti-migratoria de Trump puede causar muchos desavenencias, pero a la larga es irrealista y absurda.

alianza de Chile con las potencias es, justamente, la Guerra de las Malvinas. Margaret Thatcher reveló, con el pasar de los años, en sus memorias, que Chile estuvo del lado de Inglaterra, de Estados Unidos y de la OTAN[3].

El populismo en la era postcastrista

La emergencia del populismo nacionalista en Latinoamérica, con fuerte inspiración fascista y nacionalsocialista, en las décadas de los treinta y cuarenta del siglo pasado, tuvo un impacto negativo en la concepción y funcionamiento de los partidos políticos. Hasta entonces, los partidos políticos se iban construyendo como asociaciones de individuos libres e iguales; instituciones en las cuales, en teoría, cualquiera de sus miembro podía acceder a un puesto de dirección. Incluso los partidos de izquierda y los partidos comunistas ensayaban respetar la promoción de sus militantes y la circulación de los cuadros en los puestos de la dirigencia. Dicho de otro modo, el populismo nacionalista refundo el caudillismo y fosilizó el gregarismo de las masas. Si de identificar a sus protagonistas se trata: Juan Domingo Perón fue el autor de la invención y Fidel Castro fue el detentor del *copyrigth*.

Pero el tiempo transcurrió, y el caudillismo resultó aún más feroz con las dictaduras militares. El más apañado de los caudillos fue sin duda Augusto Pinochet, no solamente por su crueldad represiva, sino porque logró legitimarse a través de un sistema benefactor rigurosamente orientado, hacia segmentos populares, y el fomento de una economía

---

[3] Ver: Margaret Thatcher (1993). *10, Downing Street. Mémoires*. Albin Michel, París. p. 180. Es significativa también la revelación que hace la ex-primer Ministra Británica en relación a la postura que tomo Francia: el apoyo inmediato que François Miterrant brindó a Inglaterra, en la campaña que emprendió para la retoma de las islas Malvinas.

neoliberal, para deleite y regodeo de la burguesía.

Pero la desdicha latinoamericana se frenó con el despertar democrático marcado cuando los chilenos se pronunciaron por el "No" a la habilitación de Pinochet como candidato. La caída de la dictadura chilena fue también el desplome de la última pieza del dominó militarista sudamericano. Así, una "década perdida", en lo económico; en lo político, permitió el afianzamiento de una democracia cultural en la clase media y por extensión en los sectores populares y entre los indios, como en Guatemala, Ecuador y Bolivia.

Así, pocos años después, retoma vitalidad la izquierda radical, que nunca antes había gobernado bajo las reglas de la democracia, salvo en Nicaragua; y, sin sorpresa, acaba pronto acicalada en facha caudillista. Pero lo que podría ser un problema doméstico vendrá a conspirar, en esencia, la integración confederativa de las países latinoamericanos. Pues los nuevos caudillos: de Kirchner al Difunto Hugo Chávez entienden que la democracia es un medio para fundar un régimen personal, un linaje exclusivo y duradero. Y es obvio, la consecuencia más grave para el Continente es la perpetuación de la dependencia, situación desventajosa de la cual siempre estarán listas a usufructuar las potencias extra-continentales. Y ni que hablar de la degradación de la democracia y la postergación del advenimiento de una sociedad abierta y transparente.

Considerando otras implicaciones, en un momento en el cual los Estados Unidos dejó de tener hegemonía global, porque dejó de ser una potencia imperial (Todd 2002), y cuando la crisis de Europa redujo notablemente la influencia de esta en el mundo, los países latinoamericanos desaprovechan la oportunidad y no se ponen a trabajar por la puesta en marcha de verdaderas instituciones de integración. Al contrario, se libran al voluntarismo desarrollista, lo repetimos, comprometiendo su independencia económica. En este escenario la China salta como predador en un campo libre de competidores, y, de esa manera, afirma su liderazgo como maestro del nuevo eje geopolítico Este-Oeste, en la actual reconfiguración global.

Un ejemplo del espectáculo al cual participamos: la construcción del Canal en Nicaragua, iniciado en 2014, y el corredor ferroviario interoceánico entre el Pacífico y el Atlántico, del que tanto se habla en Perú y Bolivia. Los proyectos faraónicos son, a la hora actual, lo que en el siglo pasado fue la apertura la explotación del Canal de Panamá y la ejecución de la emblemática Panamericana. No está demás preguntarse: ¿por qué no existen consorcios argentino-brasileros, venezolano-nicaragüenses o ecuatoriano-bolivianos para estos proyectos? Naturalmente, el caudillismo nacionalista y anacrónico, que tratamos de explicarlo, no lo permite, porque en todas las repúblicas, los presidentes están preocupados en la tarea *garciomarquezca* de erigir sus propias dinastías.

El resumen, el postcastrismo no cerrará la página del caudillismo populista; y si bien Fidel Castro fue el único gran agrupador de la causa populista latinoamericana, después de él, ningún otro político en el Continente podrá apadrinar la integración, peor aún para beneficio propio.

La derecha desarmada

Hablar de la derecha siempre fue un tabú para las ciencias sociales en la América latina; cuando no fue un objeto de denuncia, desde luego justificado, considerando la cultura autoritaria a la cual ella estuvo ligada. Así, la derecha fue frecuentemente identificada con los crímenes de las dictaduras militares, con las policías secretas y con los paramilitares que aterrorizaron el Continente buena parte del siglo pasado. Aunque, para ser menos enfáticos, mejor acordemos que la derecha fue un tema subsidiario en la historia de las ideas políticas.

En tal sentido, en este momento, cuando la izquierda cede espacio, no está demás reflexionar acerca del destino de la derecha latinoamericana e imaginar sus roles futuros en el devenir de la región.

Para comenzar, remontémonos otra vez a principios de los años noventa y mencionemos dos libros que causaron impacto dentro el pensamiento político latinoamericano : *El Fin de la Historia* de Francis Fucuyama y *La Utopía desarmada* de Jorge Castañeda. Ambos textos, típicos productos de la época, surgen con la caída del muro de Berlín, que rubricó el fin del socialismo soviético y trajo el arranque del neoliberalismo y los reajustes económicos de shock.

En *El Fin de la Historia* se proclamaba el triunfo del liberalismo económico y político y se profetizaba el advenimiento de una humanidad sin ideologías. El libro de Fucuyama alimentó la ofensiva política de la derecha; sin embargo, también se prestó como un justificativo para que los nacionalistas populistas de izquierda, gobernantes, adopten el pragmatismo económico y se rindan ante la desregularización de la economía. Así, se fomentó un radical desmantelamiento de las empresas estatales. Quienes se dedicaron a esa tarea pusieron una ciega confianza en el libre mercado, condición que se percibe aún como prerrequisito para alcanzar la modernización, el desarrollo y la incorporación al orden económico global. Las consignas de la derecha invadieron todos los discursos : "privatización", "eficiencia" y "competitividad", sonaban como axiomas incuestionables. El caso Argentino tornó en una hecatombe, por la regresión que significó el empobrecimiento masivo de la clase media. En otras palabras, los neoliberales latinoamericanos hicieron su propia lectura de Fucuyama para legitimar su voluntarismo economicista.

En *La utopía desarmada*, respuesta al avance conservador, se hacía un balance crítico y severo de la historia de la izquierda latinoamericana y, al mismo tiempo, se abogaba por la necesidad de su vigencia como dispositivo garante del equilibrio del sistema político emergente. Además, Castañeda concebía imprescindible a la izquierda, para evitar que el Estado olvide su dimensión benefactora y su misión soberana frente al empuje privatizador. La izquierda estaba convocada a contrabalancear una tendencia histórica que parecía ineluctable y a continuar velando por la igualdad jurídica y social de los ciudadanos. El libro de Castañeda clamaba por una izquierda que superase su estilo conspirador y clandestino, para que pudiese adaptarse y vivir dentro una democracia pluralista; para contribuir, de otra parte, a la creación y al afianzamiento de las instituciones estatales y de la transparencia administrativa. Una izquierda que comprendiese los imperativos de la globalización.

Hoy aquellos dos libros, con sus hipótesis, sus análisis y las tendencias que pronosticaron, están ubicados en la estantería de los clásicos y resultan inapropiados, o pasados de moda, en lo que respecta a las proposiciones que enunciaron.

Un poco de historia de la derecha

Si la izquierda mostro una panoplia de prácticas y formas; la derecha latinoamericana, de la misma manera, nunca fue homogénea y con una única identidad.

Entre la diversidad de sus actores e ideologías, la

corriente autoritaria y ultraconservadora se camufló, a veces, con una práctica política populista, tejiendo una relación clientelar con las clases medias, con los pobres de las ciudades y hasta con el campesinado.

Sin embargo no hay que negar que a principios del siglo XX la derecha tenía un programa modernizante, pues, antes de la difusión de las ideas socialistas, fueron los liberales y las burguesías más avanzadas (México, Brasil, Uruguay y la Argentina) quienes implementaron distintos tipos de reformas tendientes a alcanzar lo que concebían como el progreso y la civilización. Traducido en un programa de gobierno, buscaban la industrialización capitalista, la reforma intelectual e incluso la integración de los sectores populares a través de la educación.

La derecha progresista subsistió difícilmente en medio del auge nacionalista surgido al calor de las administraciones populistas, primero, y en medio del gran ascenso de la izquierda, en los años sesenta. Esa pequeña derecha liberal y civilizada sucumbió también a la agresión de una derecha ultra conservadora surgida como efecto de la influencia del autoritarismo desgajado de Segunda Guerra Mundial, y de la formación de los grandes bloques hegemónicos que suscitaron la guerra fría. En segundo término, la derecha democrática también fue perseguida y sufrió todas las consecuencias de las dictaduras militares, especialmente en los países donde la tradición democrática y donde las instituciones estatales parecían más estables, en Argentina, Uruguay y Chile. El resto del acontecer de la derecha, al final de siglo, es la historia del neoliberalismo.

Ahora bien, en el inventario de los defectos de la derecha destaca: su total falta de identidad, su falta de autonomía respecto de los centros de poder capitalista y su empedernida actitud por conservar su carácter señorial. Este último rasgo de carácter le impidió percibir a las clases explotadas, a las mujeres y especialmente a los indios como a ciudadanos, es decir como a iguales, como a individuos con derechos.

De otra parte, como estima Alain Touraine, la derecha en América latina nunca pudo crear partidos políticos de masa y sus éxitos electorales estuvieron más bien mediados por el nacionalismo populista.

Si nos permitimos una comparación, la derecha latinoamericana no tiene nada que ver con los partidos liberales europeos promotores de proyectos institucionales estratégicos y reformadores, compatibles con programas sociales y hasta de protección sindical.

Dicho de otra manera, los partidos de derecha en Latinoamérica nunca fueron representativos, no se esforzaron por integrar democráticamente a las clases populares en sus proyectos y, por tanto, fueron incapaces de institucionalizar las demandas ciudadanas a las cuales sólo vieron como fuentes de conflicto. Esas actitudes le impidió sobrepasar su estilo doctrinario y dogmático y avanzar hacia la puesta en marcha de políticas multi-clasistas e inclusivas.

Es así que cuando se habla de la derecha latinoamericana frecuentemente se la coliga a la represión y a las dictaduras y no se la concibe como una tendencia de equilibrio funcional al interior de un sistema político democrático susceptible de reformarse permanentemente.

El término de derecha está tan desprestigiado que, muchas veces, quienes abrigan la ideología evitan identificarse explícitamente con el mismo.

Por otra parte, el último gran error de la derecha latinoamericana, si ponemos como punto de referencia la caída del muro de Berlín y el posterior desmantelamiento del sistema soviético, fue creer que el fin de la guerra fría fue su triunfo. Atribuirse la victoria gratuita le dio arrogancia y la entusiasmó para abanderar la ola neoliberal y las privatizaciones radicales que estrangularon al Estado, quitando, además, a éste, la potestad de la regulación de la economía y su carácter benefactor. Puesto en caricatura: la derecha esperaba únicamente que el Estado cumpla como gendarme, para acreditar la voracidad económica de la burguesía.

La derecha, salvo excepciones, olvidó participar en la producción de la sociedad civil y en la construcción de un pacto duradero con la izquierda, para forjar el pluralismo político.

¿Podrá refundarse la derecha latinoamericana?

Ahora bien, demandémonos: ¿Podrá reconstruirse la derecha como un dispositivo de equilibrio dentro el sistema político y hacerlo de modo decente y transparente? Es decir jugar a favor del desarrollo del aparato institucional y no servirse del Estado para enriquecer a las oligarquías. ¿Podrá repensarse como una institucionalidad partidaria que estimule la movilidad social y produzca líderes en base a méritos intelectuales y no en base al patrimonio económico de los individuos? ¿Podrá la derecha, en países como el Ecuador o Perú, incorporar entre sus cuadros dirigentes indios y comunicar en idiomas indígenas? ¿Podrá ser liberal, en el sentido de ser intransigente por la libertad y la igualdad de los ciudadanos? ¿Podrá estimular el surgimiento de un empresariado latinoamericano que se libere de la égida de las multinacionales europeas y americanas y que no sólo se preocupe de exportar mercancías sino que genere innovación, tecnología y conocimientos? ¿Podrá participar de una reforma intelectual proponiendo un debate de ideas, como el que existía en la período pre-marxista de las ciencias sociales, en época de José Ingenieros, Victorino Lastarria o Justo Sierra?

Populismo nacionalismo y desintegración

Una de las mayores paradojas de la cultura política latinoamericana, de los diferentes nacionalismos populistas, son las efusivas proclamas con las cuales sus líderes se refieren a la integración latinoamericana demostrando, paralelamente, una ausencia objetiva de voluntad para concretarla. A los caudillos populistas les apetece poner en relieve su adscripción al proyecto continental, al de la edificación de la "Patria grande"; sin embargo, a la hora de la verdad, son incapaces de ceder sus intereses personales e ideológicos en procura del funcionamiento de institucionales confederativas. Es decir de estructuras políticas plurales y transnacionales.

¿Cuáles son los factores que alimentan la contradicción? En primer lugar, hagamos un poco de historia y remontémonos al momento de la independencia, a principios del siglo XIX. Entonces, la idea de institucionalidad partidaria era difusa, sino inexistente. De la misma manera, el concepto de la democracia ciudadana, del ejercicio del derecho al voto, no tenía extensión universal. Los patriotas, a lo largo y ancho del Continente, una vez desbaratado el sistema colonial español, espontáneamente admitieron el caudillismo como forma de gestión política de la sociedad y como garantía de la cohesión estatal. Así, la personificación del poder político, en un solo individuo, concordó con la necesidad de centralizar la administración del territorio nacional. Pues, dada la extensión de la geografía y las particularidades demográficas: dispersión de la población, heterogeneidad cultural, analfabetismo, el molde monárquico, subyacente en las mentalidades, se brindaba como prototipo pragmático y sencillo de control y gestión de la cuestión pública nacional.

Simón Bolívar, él mismo, en el intento de salvar el proyecto integracionista de la Gran Colombia, y confiado en su carisma, asumió el rol de caudillo para cumplir con el objetivo. La actitud lo enfrenó, evidentemente, con el celo de los patrones políticos locales. De tal forma, el proyecto bolivariano, en principio inspirado en la democracia Americana, en la participación ciudadana; en el ocaso, ofuscó los ideales republicanos y se acicaló de espíritu napoleónico.

Paralelamente, México y el Brasil, cultural y estructuralmente países diversos y vastos, en la tentativa de formarse como naciones, optaron por legitimar élites aristocráticas para que estas tomasen la responsabilidad de guiar el Estado y de organizar la sociedad. Es más, el Brasil nace como un Imperio; lo mismo México que, al independizarse, confía su destino al emperador Agustín de Iturbine. Luego, años después, en 1864, en ausencia de consenso, el sector conservador de la clase política mexicana ofrecerá el gobierno a Maximiliano de Habsburgo, entronizándolo como Emperador. En ambos casos se demuestra que la transición independentista carecía de órganos políticos representativos –partidos–, pues los intereses de grupo eran fraguados a través del liderazgo personal y el reconocimiento sumiso de una aristocracia.

En el resto del Continente la ausencia de organicidad política, institucional y democrática, se tradujo en una inestabilidad crónica, un vacío de poder, que fue paliado por la intervención militar, bajo la forma de los golpes de estado y de los regímenes dictatoriales. Por otro lado, la duración de cada dictadura dependió del carisma personal del militar de turno y de la capacidad que tenía para hegemonizar el mando militar. El caso paradigmático fue el del dictador paraguayo Alfredo Stroessner que gobernó el Paraguay por un largo periodo de treinta y seis años.

Naturalmente, existieron excepciones, como los casos Uruguayo, Chileno y Costarricense, donde la democracia con alternancia de poder y circulación de los individuos, en el mando partidario, fue fluida.

Ahora bien, el caudillismo latinoamericano, a pesar de ser un hecho anacrónico, continua vigente; de ahí que exista una amplia literatura que lo aborda desde diversas aristas. A nosotros nos interesa una: la del impacto que causa sobre la integración regional. En tal sentido, nuestra hipótesis es breve: el caudillismo contradice y amenaza la integración; es más, es inoperante para la creación de bloques geoestratégicos de equilibrio continental o global.

El concreto, los césares latinoamericanos no alcanzan jamás traspasar sus cotos nacionales. Dicho de manera metafórica: su techo de vuelo es restringido, local, se eleva a la estratósfera que les consiente la legitimidad que se agencian por medio de un clientelismo benefactor, paternal. Es decir su influencia adquiere, excepcionalmente, trascendencia continental; tal fue el caso de Fidel Castro. Por lo demás, los caudillos latinoamericanos suelen reunirse para congratularse mutuamente o celebrar sus victorias parroquiales, pero jamás para crear efectivamente alianzas continentales y empresas compartidas. Pongamos como ejemplo a Daniel Ortega y a Cristina Fernández: ninguno de los dos tienen crédito fuera de su país. Es así que la historia contemporánea del caudillismo populista latinoamericano está coligada íntimamente con la desintegración de la región; y como los caudillos no tienen protagonismo político fuera de sus fronteras a lo único que aspiran es a perpetuarse allí donde están seguros, en sus *republiquetas*. Afortunadamente, en este siglo XXI, los caudillos tienen que enfrentar una sociedad transparente, global, donde el estado perdió el rol monopólico y donde las zonas de incertitud resistentes a la dominación se multiplican.

Ahora bien, veamos dos momentos ejemplares en el desenvolvimiento del actual populismo en América latina. En primer lugar mostremos las peripecias atravesadas por Dilma Rousseff, cuando estuvo confrontada a la protesta ciudadana, en ocasión de la copa del mundo de fútbol 2014. En segundo, echaremos un vistazo a las raquíticas huellas dejadas por la "doctrina" de Hugo Chávez, desproporcionadas respecto de las consecuencias de desagregación de la sociedad civil venezolana.

Dilma: fútbol y populismo en el Brasil.

Las protestas brasileñas hay que tomarlas en serio. Brasil, que ha hecho del fútbol una marca de su identidad, de repente sorprendió al mundo con un movimiento ciudadano que puso en cuestión la costosa parafernalia de la organización de la copa mundial. Las manifestaciones criticaban la participación del gobierno en la realización de un espectáculo superfluo; el uso necio de los recursos que mejor hubiesen sido destinados a inversiones sociales y culturales sostenibles.

¿Qué pasó en Brasil? Aquí, proponemos cuatro puntos de reflexión.

La protesta se inscribió en el nuevo de estilo de acción ciudadana que ha desencadenado internet y las redes sociales. Hoy en día, las opiniones sobre los disfuncionamientos de la sociedad pueden ser percibidas y compartidas rápidamente por una multitud de personas. Además, las opiniones se procesan a través de una batería de consideraciones e intercambios racionales. Las redes sociales tienen un código implícito: participar en ellas significa tolerar ideas y opiniones divergentes e individuales, sobre un plano horizontal. El movimiento de protesta contra el mundial de fútbol comprendió bien el impacto que producen las redes sociales. Un modelo de convocatoria de ese género es imposible que haya tenido luz en el seno de un partido político; al menos bajo las pautas de acción de los cuerpos políticos sudamericanos, hoy en día.

El progreso económico brasilero ha permitido el fortalecimiento de una clase media, de una juventud que tiene acceso a los bienes culturales y que demanda una reforma cultural, una emancipación ilustrada. Fueron estos sectores sociales quienes alimentaron la reflexión sobre las injustas desigualdades desencadenadas por del boom económico. Los pobres no estaban detrás de las protestas; eso quizás desilusiona a quienes mitifican los movimientos sociales. Si cabe la comparación, la protesta brasilera, contra el mundial, se emparenta más con los movimientos contestatarios europeos y estadounidenses de los años sesenta[4] que con los bloqueos de los piqueteros argentinos o de los campesinos del altiplano andino. Dicho de otro modo, lo de Brasil tiene más que ver con la reforma cultural e intelectual de la sociedad, que con la luchas sociales. La osadía del movimiento fue marchar contra los presupuestos axiológicos que la sociedad entera creía compartir y que solían ser concebidos sagrados: ¡los tetracampeones se hartaron del fútbol!

La izquierda en su laberinto. Sin hablar de la corrupción y el enriquecimiento ilícito, a la que también había sido proclive la izquierda revolucionaria latinoamericana, en el

---

[4] Chile es otro país que presenta un movimiento contestatario, estudiantil, de este estilo.

Brasil, lo que se verificó fue que la "izquierda" participa y comulga con el credo capitalista. Es como si se hubiese comprobado que el bienestar material y económico, prometido a las masas, ya no se desgajarán del socialismo, de la planificación estatal. Dicho de manera menos patética, la razón de existir de la izquierda se ha convertido en algo muy simple: haberse convertido en la administradora de las comisiones que ofrece la libre empresa.

Transporte libre ¿utopía o realidad? La reivindicación puntual, que fue el pretexto de inicio del movimiento, evidentemente fue deslegitimizada por el gobierno. El alcalde Sao Paulo, Fernando Haddad, calificó la demanda ciudadana de populista[5]. Sin embargo, el transporte público libre significaba mucho más para los movilizados; más que la mera gratuidad y quizás no fue tan irrealista como se lo pintó en los medios de prensa. El transporte público gratuito, presentado como un proyecto global alternativo, se prometía como una herramienta para paliar la exclusión social y como un ejercicio ecológico.

En síntesis, las protestas marcan una nueva etapa en el desarrollo de las reivindicaciones ciudadanas, que, sin cuestionar los cimientos del capitalismo, enfocan aspiraciones culturales y estilos de vida alternativos.

En lo político, cuestionan la corrupción, abogan por la profundización de la democracia y claman por una justicia redistributiva de la riqueza.

Además los acontecimientos brasileros exteriorizan el potencial de las redes sociales como interfaz de encuentro para quienes aspiran a la realización de un proyecto emancipador e ilustrado. ¿Fue esto lo sucedido en el Brasil?

---

[5] *Brasil vive la mayor protesta pese a la retirada del alza del transporte*, El País, España, 21 de junio 2013.

El raquítico legado de Hugo Chávez

La catarsis montada en Venezuela, luego de la muerte de Hugo Chávez, mostró cuán frágil es la democracia cuando se la instrumentaliza a favor de la dominación.

Hugo Chávez murió como vivió, utilizando cuanto recurso tuvo para conmover a sus seguidores y legitimar su proyecto revolucionario. La democracia pasó a segundo plano, lo que importaba era hacer consolidar la imagen de eficacia benefactora del caudillo.

¿Tuvo verdaderamente el coronel Hugo Chávez carisma? ¿ Arrastraba multitudes tras de sí? ¿Dejó una doctrina política digna de ser prolongada?[6] Chávez era muy mortal y su carisma lo inventó recurriendo a las rentas petroleras que las uso como quien dilapida la fácil herencia recibida de una tía rica. ¿Sedujo a los venezolanos? Sin duda. Nadie, con las falsas notas de su voz, se habría atrevido a cantar un joropo sin despertar sonrisas de empatía entre las masas suburbanas emigradas desde las sabanas tropicales. Aunque, se vio también que, más allá de los llanos venezolanos, su popularidad se lucía en proporción a la generosidad de los regalos y al magnánimo sostén material que ofrecía a quienes lo adulaban.

Lejos del país, su aureola carismática cayó el día en el cual don Juan Carlos de Borbón lo mando a callarse, aquella vez el mundo supo la dimensión terrenal de su cacicazgo.

---

[6] Para una visión crítica ver: Fernando Mires, "A Venezuela le falta Dios", 8 de marzo, El Nacional, Caracas. Mario Vargas Llosa, "La muerte del Caudillo", 10 de marzo de 2013, La república, Lima. Jorge G. Castañeda, "El naciente culto a Hugo Chávez", 11 de marzo de 2013, El País. Carlos D. Mesa Gisbert, "La América Latina de Chávez", 11 de marzo de 2013, El País. Joaquín Villalobos, "El chavismo llegó para quedarse", 11 de marzo de 2013, El País.

De otro lado, Chávez no dejó ninguna doctrina, ningún credo práctico, duradero y escrito. La trayectoria política que siguió carece de esfuerzos teóricos como los que realizaron Fidel Castro, Juan Domingo Perón o los Sandinistas[7]. Chávez fue un anti-intelectual, y dio continuidad a la audacia iletrada de los viejos caudillos militares que parecían desterrados de América Latina. En consecuencia, fue extemporáneo, y muy bien pudo haber compartido época con el general René Barrientos Ortuño o el general Juan Velasco Alvarado. En breve, tuvo un discurso político elemental de estilo publicitario, repetitivo, siempre dirigido a conmover las emociones y los sentimientos.

En otro enfoque, y cosa que confirma la pompa de los funerales, el fenómeno Chávez es la muestra extrema de la intención de sustituir la ideología por la religión, naturalmente, con el objeto de afirmar una dominación duradera. De todas formas, hay que decir que ideología y religión comparten el mismo nicho que la magia, en las estructuras mentales de los hombres.

A pesar de todo, la catarsis venezolana irrumpió como una transición política, como un espacio para el reordenamiento de la acción política y ciudadana: una oportunidad para exorcizase del fantasma en el cual quiso inmortalizarse el coronel Hugo Chávez.

---

[7] La obra de Castro es extensa y sólo bastaría citar *La historia me absolverá* para ilustrar su preocupación teórica. Respecto a la obra de Juan domingo Perón ver, por ejemplo: *Conducción política*, Buenos Aires, Ediciones Mundo peronista, 1952. En lo que toca a Nicaragua, allí dos sandinistas marcaron la reflexión ideológica: Sergio Ramírez, *Pensamiento vivo de Sandino*, Editorial Nueva Nicaragua, Managua, 1981; y Jaime Wheelock, *Raíces Indígenas de La Lucha Anticolonialista*, México, Siglo XXI, 1980.

¿RÉQUIEM PARA AMÉRICA LATINA? CIENCIAS SOCIALES, GLOBALIZACIÓN Y RECOMPOSICIÓN DE LAS AMÉRICAS *

Introducción

Las ciencias sociales en América latina, hasta bien entrados los años ochenta, intentaban todavía construir un pensamiento endógeno, prolongando el debate alrededor de las teorías del desarrollo y de la dependencia que aún parecían vigentes. Fue, luego, a partir de los años noventa, que la comunidad académica percibió que aquellos sistemas epistemológicos habían perdido pertinencia en la práctica de interpretación de los fenómenos sociales.

Por otro lado, paralelamente, comenzó a hacerse palpable una creciente influencia, sobre el desarrollo académico e intelectual de América Latina, del pensamiento gestado en Estados Unidos.

* Artículo presentado al V Congreso del CEIAL: *Las relaciones triangulares entre Europa y las Américas en el siglo XXI: expectativas y desafíos.* CEIAL, Bruselas, Bélgica, 11 al 14 de abril de 2007.

En otras palabras, si a fines del Siglo XIX, y casi a lo largo de todo el Siglo XX, los principales argumentos sociológicos se construyeron al interior del área y en intercambio con Europa, es a partir de la última década del siglo pasado que la producción intelectual local se alinea a los patrones de investigación social angloamericanos. Lo cual no significa, de ninguna manera, que las ideas provenientes de las Universidades y de dichos centros de investigación hayan estimulado la dependencia o un neo-colonialismo intelectual, como suelen sostener quienes tienen una visión reductora de los intercambios culturales que se dan entre los dos hemisferios del continente americano (Revel 2002; Roger 2004).

Así, la nueva influencia se podrá explicar por el rol que pasa a desempeñar Estados Unidos en el mundo y también por una nueva serie de factores culturales y estructurales que transformarán las sociedades en América y, por tanto, el desarrollo de las ciencias sociales.

Hablando con precisión, los factores en cuestión son los siguientes:

1) La América vive un profundo proceso de recomposición geo-política y cultural : los países latinoamericanos perdieron sus similitudes estructurales (Rouquié 1988: 425; Delich 2004: 25-31). Ese proceso está acompañado del surgimiento de reagrupamientos regionales y se expresa en dos modelos de integración: el "panamericanista" que, en una de sus versiones, manifiesta la participación mexicana en el TLCAN[1]; y el "sudamericanista", estimulado por el Brasil y la Argentina a

---

[1] El TLCAN es un sistema vigente, pero que se ve fuertemente amenazado por el ímpetu anti-mexicano que el nuevo presidente estadounidense, Donald Trump, no cesa de proclamar.

través del MERCOSUR. En consecuencia, las perspectivas del desarrollo local han variado substancialmente y se presentan como proyectos de integración transnacionales.

2) En el ámbito demográfico, la emigración de los latinoamericanos reveló el significativo impacto material, cultural y político que este fenómeno ocasiona tanto en los centros receptores como en los centros expulsores. En los Estados Unidos el tema fue intensamente debatido (Portes y Rumbaut 2001; Huntington 2006; Sandoval Palacios 2007). Además, en su momento, en menor grado, la emigración de latinoamericanos a Europa se convirtió en tema de interés para las ciencias sociales, especialmente en España.

3) Europa vive ensimismada en su crisis y parece agonizar en su esfuerzo por salvar la Unión Europea, lo que implica, en la actualidad, la gestión de 25 Estados-nación en un solo proyecto político económico y cultural (Börzel 2005; Beach y Mazzucelli 2006). Asimismo, la Unión Europea está preocupada en resolver sus problemas específicos, algunos son: las consecuencias del envejecimiento de su población, la adecuación de su sistema de seguridad al contexto de la post-guerra fría o a garantizar la continuidad de los beneficios suministrados por un Estado benefactor que ahora necesita flexibilizarse y repensarse (Giddens 2007).

Esos factores, sumados a la generalización, en América latina, de los regímenes democráticos como forma de gobierno, a la globalización de la economía de mercado y a la revolución de las tecnologías de la informática y de las comunicaciones, han modificado substancialmente las condiciones materiales, intelectuales e institucionales de la producción de ciencias sociales en la América latina.

El Fin de la América latina y el nuevo orden continental

Alain Rouquié, en *Amerique latine: Introduction à l'Extrême-Occident,* sostiene que América latina entró en un proceso de redefinición estructural. El autor se preguntaba ya en 1988: "¿Acaso no asistimos simplemente al fin de la América latina concebida como a un conjunto de naciones sometidas a condiciones similares?"[2] (Rouquié 1988: 425).

Responder a la cuestión, sin duda, abre una ventana hacia una percepción diferente del orden continental y de la dinámica del desenvolvimiento cultural. En consecuencia, la pregunta de Rouquié nos induce a proponer la siguiente hipótesis: **asistimos al réquiem de la América latina, al agotamiento de un modelo geopolítico y cultural funcional que fue establecido para diferenciar la América anglosajona de la América ibérica, latina, y que, además, implícita y explícitamente fomentaba el ideal de unidad continental inventado por Simón Bolívar.** Así, en los momentos más conflictivos de las relaciones intra-continentales, especialmente cuando el expansionismo militar estadounidense se hizo sentir en México, Centroamérica y el Caribe, y cuando el *élan* de desarrollo modernizador y económico endógeno y la guerra fría matizaban la coyuntura, la idea de unidad latinoamericana tomó un cariz ideológico y político.

En aquel contexto, las izquierdas latinoamericanas, y los intelectuales, asumieron esa distinción hasta convertirla en un proyecto utópico e "antiimperialista" que nunca pudo cristalizar la integración política de las naciones.

En concreto, hoy América latina es simplemente un fecundo área cultural que se define con respecto a una comunidad lingüística en la cual coinciden, por razones

---

[2] La traducción de la citación es nuestra.

históricas y geográficas, la raíces comunes del español y del portugués y que hizo del mestizaje su valor esencial y el terreno donde se suele reconciliar la herencia Europea con la indígena y con la traída por los esclavos africanos.

Como hipótesis complementaria, hay que añadir que, los Estados Unidos no representan más, culturalmente, de manera monolítica, una América anglosajona nacida de la inmigración europea (Gonzales 2000: 270; Lévy 2006: 20).

Por otro lado, plantear el réquiem de la América latina supone repensar el orden continental, es decir el proceso de readecuación política, social, económica y cultural que se irradia hacia el siglo XXI.

Dicho de otro modo, y de manera menos contundente, en este momento es totalmente plausible y pertinente tratar las mutaciones estructurales que vive América latina como un hecho que involucra integralmente al Continente, como una "recomposición de la Américas", en toda la significación que puede sugerir esta idea.

A nivel cultural, las fronteras entre una Norteamérica anglosajona, protestante y una Sudamérica latina y católica son cada vez más difusas y "transparentes". En tal escenario aparece, como una manifestación de la fusión o de la aguda interdependencia de la que somos testigos, un bilingüismo español-inglés, de doble vía. Pues, más allá de los Estados Unidos, el uso y la familiarización con el inglés involucra de manera directa a las élites intelectuales o a aquellos actores sociales que tienen la voluntad y posibilidad de articular sus intereses dentro de las redes globales que se estructuran en "la era de la Información", para definir el periodo con la rúbrica acordada por Manuel Castells.

En otra perspectiva, dentro el orden mundial vigente, los intereses de los países "latinos" no muestran graves contradicciones con los de los Estados Unidos y los del

Canadá, con el desarrollo dentro una economía de mercado, y coinciden con la afirmación de la democracia como régimen político.

Tales circunstancias, desde luego, no anuncian que los Estados Unidos hayan atemperado su voluntad por mantener su calidad de primera potencia internacional. Además, el restablecimiento de las relaciones entre Cuba y los Estados Unidos convierte aún mucho más transparente la "frontera de cristal" que separa, en dos territorios, al continente americano.

Expuesto lo anterior, comencemos un recuento de los datos que refuerzan la certitud del fenómeno de recomposición que atraviesa el Continente.

En primer lugar, México coadyuva directamente con la estrategia que se labra Estados Unidos para permanecer como potencia hegemónica a nivel regional y mundial. Así, las dos naciones, junto a Canadá, han conformado un bloque económico regional (TLCAN), con limitadas perspectivas de integración política, pero con importantes consecuencias para el reacondicionamiento de sus identidades nacionales. Dicho de manera sencilla, el desarrollo mexicano coincide, y eso ocurrirá dentro de los próximos cincuenta años, con el rumbo y estrategias de desenvolvimiento que tienen los Estados Unidos. Ambos Estados han entrado en un proceso de progresiva interdependencia: situación impensable en el pasado no muy remoto[3].

Luego, en lo que se refiere a los países centroamericanos y a los del Caribe, ellos constituyen naciones cuya heterogeneidad política y económica les impiden integrarse efectivamente. Imposible imaginar espacios de encuentro,

---

[3] Subrayamos que el anti-mexicanismo de Donald Trump es coyuntural y pasajero; no por ello anodino.

entre el solitario sistema socialista cubano, la inestabilidad de Haití o la perseverancia institucionalista de Costa Rica. Centroamérica y el Caribe sufren el fuerte impacto que las fuerzas centrifugas de la mundialización producen sobre los pequeños países que carecen de voluntad confederativa y sostenibilidad económica. La ausencia de vitalidad institucional en la mayoría de los Estados y la débil sociedad civil hacen de Centroamérica y del Caribe una región permeable a la proliferación de una economía delictiva que está signada por el narcotráfico y la violencia criminal (Sojo 2007: 181). Cuba, cuya consistencia estatal tiene una matriz socialista, forjada bajo la hegemonía soviética, sólo es capaz de establecer alianzas regionales coyunturales, como por ejemplo con la Nicaragua de Ortega o con la Venezuela "bolivariana" y, estas, atadas a una subordinación ideológica arbitraria.

Enseguida viene el conjunto de países Andinos, formado por Venezuela, Colombia, Ecuador, Perú y Bolivia, cuya inestabilidad está enraizada en una cultura política pre-moderna y donde la integración ciudadana de las poblaciones indígenas, rurales y de los pobres de las ciudades, son temas pendientes o de acentuado conflicto. Los países andinos, económicamente, pueden ser considerados como emergentes; sin embargo, la restricción a su desarrollo se anida en la debilidad de sus sistemas de representación que les impide fraguar la legitimidad política (Bonilla y Páez 2006: 138). Colombia a pesar de su crónica violencia política resistió bien los embates de la depresión económica de la "década perdida" y, hoy, se encamina a concretar una paz duradera con las guerrillas de las FARC. Venezuela no disminuyó en su calidad de potencia petrolera, cosa que no evitó la deriva política que la convirtió en uno de los países más inestables de la región.

A continuación, resaltan los dos países que constituyen el esqueleto y la argamasa del MERCOSUR. Entre ellos Brasil, un continente en sí, es quizás el que mejor comprendió el papel de líder que puede jugar en el mundo moderno; al menos tal objetivo mueve las ambiciones y esfuerzos que demuestran sus élites. La fortaleza de la economía industrial brasileña y el profesionalismo y eficacia con los cuales actúa su diplomacia, en los terrenos de la política y de la economía internacional, conceden al MERCOSUR un programa viable y respeto del resto de los actores que deciden el curso planetario (Estados Unidos, la Unión Europea, Rusia, China, El Japón y la India). De otra parte, Argentina secunda muy bien a Brasil y trabaja para crear en el hemisferio sur de América una interfaz sólida dentro la globalización. Argentina, luego de la seria crisis interna que freno su dinamismo y que se expresó rudamente en diciembre 2001, ha demostrado que los fundamentos de su modernidad se sostienen en la existencia de una madura sociedad civil y de un potencial creativo e innovador, cultural y materialmente. En el caso argentino, el freno hacia un pleno desarrollo está marcado, paradójicamente, por una cultura política difícil a explicarla bajo los parámetros clásicos del análisis político. Es difícil comprender cómo un país dotado de recursos humanos bien cualificados en dominios de la ciencia, la técnica, la innovación, el arte y el deporte, no sea capaz de producir, en consecuencia, una elite política e instituciones políticas en las cuales las jerarquías y cargos de responsabilidad sean asignados en estricta relación al mérito.

Finalmente, nos encontramos con tres países inclasificables, por el rol particular que desempeñan en el proceso de recomposición regional. Paraguay aunque se beneficia de la influencia positiva que genera el Mercosur, juega un papel pasivo dentro el mismo, debido a sus irresueltos problemas sociales que son la herencia de la larga dictadura que, por otro lado, postergó la emergencia de una sociedad civil mucho más comprometida con su transición democrática. Luego, tenemos al Uruguay, que es un *carrefour* privilegiado donde converge el Mercosur: esa es su mayor ventaja comparativa, que emerge asociada a la recuperación de una larga tradición de estabilidad institucional. Por último tenemos a Chile, cuya clave de su éxito debe buscarse en su vocación aislacionista. Casi desconectado geográficamente de sus vecinos, sus élites políticas hicieron de esa condición una virtud; sin embargo, el aislacionismo, para su caso particular, parece agotarse, por dos simples razones: primero, carece de autonomía energética para garantizar sostenidamente el *take-off* económico y segundo porque el liberalismo, que está en la base de su paradigma de desarrollo, le exige entablar comercio e intercambio abiertos con los países de su entorno. Asimismo, Chile no puede solitariamente ser competitivo en el Cono Sur, necesita de los recursos naturales no tradicionales (Café, y cacao, por ejemplo) y de la mano de obra barata - que comienza a atraer a su territorio-, y cuyas fuentes pueden ser el Perú y Bolivia, o países más alejados como Republica Dominicana, Haití, Ecuador y Colombia[4].

Ahora bien, nosotros nos concentraremos en dos temas que nos ayudarán a argumentar empíricamente la dinámica de mutaciones que se producen en el Continente. En primer lugar daremos algunos datos que ayudarán a comprender la plaza que México ocupa en el orden continental y global. Y,

---

[4] La evolución demográfica en Chile, en el periodo inter-censal 1992-2004, ha mostrado que la inmigración fue más importante que la emigración, cfr: INE-CEPAL, 2003.

en segundo lugar, proyectaremos una visión comparativa del sistema estructural, demográfico y de conexiones que tiene el Mercosur y que carecen, como base real de integración, los países andinos.

México es un caso paradigmático de análisis, en lo que se refiere a la recomposición de las Américas; sin desmerecer los temas clásicos tratados por las ciencias sociales, a propósito de sus relaciones con los Estados Unidos, nosotros enfatizaremos ciertos aspectos que ilustrarán, desde otro ángulo, la profundidad de las mutaciones que vive su sociedad. Así por ejemplo, utilizando las estadísticas de la OCDE (Organización para la Cooperación y el Desarrollo Económicos), de la cual México es miembro, analicemos algunos aspectos de su realidad demográfica: 1) El colectivo más numeroso de extranjeros establecido en México está formado por los estadounidenses, quienes hacen un número de 343.597 personas; en contraste, el conjunto de latinoamericanos que viven en México solo hacen la cifra de 78.752 personas[5]. Sin duda entre los estadounidenses podemos suponer que se puede encontrar ciudadanos que tienen una doble nacionalidad; en tal sentido, a título indicativo, no será vana la siguiente pregunta: ¿cuál es el status social y cultural que tienen los estadounidenses en México, cuántos tienen origen mexicano? 2) Existe un equilibrio migratorio entre México y Europa: 46.438 europeos están instalados en México y 42.592 mexicanos viven en Europa. De otra parte, de los 29.714 mexicanos residentes en España, Francia, Inglaterra e Italia —países

---

[5] Nos parece superfluo discutir sobre la validez de las estadísticas producidas por el OCDE, ver: <ocde.org> . En el caso de los latinoamericanos residentes en México, aun doblando la cifra, para considerar a los ilegales, ella no sobrepasa al número de estadounidenses registrados por los Censos mexicanos, fuente primaria del OCDE.

donde se establecen con preferencia los latinoamericanos– el 50,2 % tienen educación superior, el 26,7 % instrucción media y 23,0 % instrucción básica[6]; los porcentajes de la distribución por nivel de instrucción en el conjunto de 1.062.580 latinoamericanos, residentes en los países anotados, es el siguiente: 23,8 % tiene educación superior, 28,7 % instrucción media y 47,0 % educación básica. 3) Otro aspecto relevante que ofrecen las investigaciones se refiere al matrimonio de los españoles con personas de origen latinoamericano. Es así que, los mexicanos y mexicanas son las personas con las que los españoles y españolas, de manera preferencial, entre los extranjeros, prefieren casarse. Al respecto del hecho, podemos preguntarnos: ¿cuáles son las razones estructurales de esa afinidad? ¿*homogamia* educativa, exotismo, afinidad cultural? Además, como lo indican quienes estudian el impacto de la ola de inmigración latinoamericana, los mexicanos residentes en España constituyen, en términos de comportamiento matrimonial, una de las poblaciones extranjeras menos endogámica (Cortina et al. 2006). En resumen, si se compara los modelos de la migratorios, hacia los Estados Unidos y hacia Europa, se puede constatar que en cierta manera son modelos antípodas. Los mexicanos que se dirigen a Europa tienen un perfil de ciudadanos instruidos y cosmopolitas capaces de participar en los nichos de empleo especializados, que son escasos, en Europa, para los extranjeros provenientes del "sud".

En cuanto a la segunda cuestión que nos atañe, expongamos, sin preámbulos, que el Mercosur existe, como

---

[6] Una proporción similar, de la distribución por status educativo, se verifica entre los europeos residentes en México. De las 41.730 personas que registran su nivel educativo 52,4 % son universitarios, 26,6 tienen instrucción media y 20,9 sólo han obtenido una instrucción básica.

sistema de integración gracias a la densidad demográfica regional que posee y que se encuentra eficazmente conectada a través de una infraestructura vial, hidrográfica, marítima y aeroportuaria. Además, el núcleo encierra un espacio geográfico homogéneo y compacto. Sólo los Estados brasileros y las Provincias argentinas dispuestos alrededor del Uruguay, mas este país, suman una población de 46 millones de habitantes. Y, aquí, vale la comparación: los países Andinos carecen de esas condiciones estructurales y están lejos de producir un núcleo geográfico integrador. Si tomamos el Mercosur, como sistema modelo, será más factible que Colombia y Venezuela trabajen para crear una integración en la cuenca del Caribe; o que Perú, Bolivia y Chile se esfuercen por desarrollar el único *carrefour* de convergencia con el que cuentan hasta ahora: la costa de Atacama, entre Arica y Tacna. Alrededor de este punto de convergencia fronteriza, aplicando las mismas consideraciones demográficas que expusimos más arriba, constamos que población suma apenas unas 8 millones de personas, conectadas menos eficazmente que en la costa Atlántica del Mercosur. Además, siempre en referencia al modelo Mercosur, advertimos que el Ecuador es el país más desaventajado, geopolíticamente, pues se halla relativamente aislado de los núcleos de integración ya mencionados[7].

En síntesis, el breve examen que presentamos nos permite identificar los rasgos básicos de la reconfiguración que atraviesan las Américas, y las divergencias geopolíticas

---

[7] Una prueba de esta dificultad presentada por el Ecuador se observa al considerar el fenómeno de la emigración: sus ciudadanos, en general, optan por los destinos alejados, Estados Unidos o Europa. Es decir, a diferencia de los bolivianos, los peruanos y paraguayos, que migran a los países vecinos, más desarrollados; a los ecuatorianos no les atraen como destinos de emigración ni el Perú ni Colombia.

ligadas a la participación de los países en los diferentes sistemas de integración.

¿Cuál el impacto de las ciencias sociales estadounidenses y cómo se manifiesta su influencia?

Ahora pasaremos a proponer ciertos elementos que explican el impacto que ejerce el pensamiento social estadounidense en América latina.

Primeramente vamos a referirnos al grado de intensidad que suscitan los temas latinoamericanos en Estados Unidos y Europa, a través de la labor que cumplen LASA (*The Latin American Studies Association*) y su homólogo el CEISAL (Consejo de Investigaciones Sociales de América Latina). LASA reúne a 5.000 miembros y, en su XXVI Congreso realizado en San Juan Puerto Rico, en marzo 2006, tuvo una participación de 4.868 latinoamericanistas. Por su parte, el CEISAL cuenta con 1.200 latinoamericanistas europeos, y, en su V Congreso, realizado en Bruselas, en abril de 2007, reunió un total de 906 participantes.

Estos simples datos permiten apreciar la gran diferencia de medios que disponen Estados Unidos y Europa para movilizar recursos humanos y materiales en el propósito de crear teorías, estudios y conocimientos sobre la América latina[8].

En segundo lugar, para tocar un aspecto más preciso de la manifestación de la influencia estadounidense, nos remitiremos al sondaje que estableció la Revista *Nueva Sociedad* y cuyos resultados los presentó en su número 170, "Libros e ideas". En aquella oportunidad *Nueva Sociedad*, editada en Buenos Aires, indagaba tres cuestiones : "¿De qué

---

[8] Ver: Para los datos de LASA, <lasa.international.pitt.edu> y, para el CEISAL,<www.red-redial.net>.

se nutre el pensamiento social actual en América Latina? ¿Cuáles son las ideas que impactan, impresionan e inspiran a los intelectuales y políticos del continente? ¿A qué fuentes y propuestas conceptuales recurren para entender nuestro momento?" Así, la revista solicitó a un centenar de intelectuales ligados a las ciencias sociales que elaboren un ensayo sobre un libro de actualidad que consideraban relevante desde su punto de vista personal. Llamó la atención que las fuentes y referencias a partir de las cuales desarrollaban sus ideas estaban ubicadas en Estados Unidos, antes que en "los aportes latinoamericanos". El punto positivo de la situación, para el director de la revista, Dietmar Dirmoser, se ubicaba en el intercambio de ideas producido entre ambos hemisferios. "No entre todos los continentes, sino básicamente América latina y Estados Unidos, y en mucho menor grado entre América latina y Europa".

En nuestro entender, el trabajo de *Nueva Sociedad* no pudo pasar desapercibido y quizá marcó el inicio de una nueva percepción, esencial, para comprender el avance del pensamiento social contemporáneo, en la Américas, en el alba del siglo XXI.

En tercer lugar, es evidente que con la desaparición del sistema soviético y de la plausibilidad del socialismo como modelo de desarrollo, el liberalismo se reintrodujo como paradigma en amplios sectores de las ciencias sociales en América latina y especialmente en el campo de la economía. En los antecedentes de la "revolución capitalista" chilena, como la denomina Rodrigo Contreras, se percibe incluso que un pensamiento *anti-keynesiano* y *anti-cepalino* fue gestado con anterioridad al golpe de Estado de Pinochet. Además los "Chigago-boys" no solamente fueron los portavoces del liberalismo, sino que figuras claves como Fredich von Hayek y Milton Friedman participaron de cerca en la evolución del experimento chileno (Contreras 2007: 241).

Más allá de las generalidades que produjo cierta crítica de la ideología neoliberal, es innegable que las universidades americanas contribuyeron significativamente a la renovación del pensamiento liberal en América latina, para sacudirlo de los estereotipos a los cuales lo redujeron tanto el neoliberalismo político como los tecnócratas locales y los funcionarios de los organismos internacionales encargados de ejecutar los ajustes estructurales de los años ochenta y noventa.

Un cuarto aspecto, acerca de la influencia de las universidades estadounidenses, es la participación que tuvieron éstas en la emergencia del pensamiento político indigenista, especialmente en los países andinos[9].

---

[9] El caso boliviano es ilustrativo. El indigenismo político nace de la obra de Fausto Reynaga (1906-1994), quien inspira a la primera generación de intelectuales aimaras que emerge a fines de los años ochenta y que renueva el campo de las ideas sociales en Bolivia. Asimismo, a esa redefinición del terreno intelectual la precedieron los lingüistas y antropólogos estadounidenses que, en la década de los sesenta, se dan la tarea de formalizar la gramática del aimara y del quechua y a revalorizar las culturas indígenas. Estos últimos llegan y contactan sus informantes e intérpretes, especialmente entre los maestros rurales y, en esa relación, los segundos se forman a las técnicas lingüísticas y socio-antropológicas ampliando el grupo de los intelectuales indígenas. Así, por ejemplo, Juan de Dios Yapita trabajó junto a H. J. Hardman de la Universidad de Florida y Mauricio Mamani junto a William E. Carter de la Universidad de Columbia. El estímulo de las universidades estadounidenses fue notable para el desarrollo de la intelectualidad aimara; citemos también a Xavier Albó quien estudio en la Universidad de Cornell y formó, alrededor del centro de investigación social, CIPCA, una red de estudiosos extranjeros y nacionales. Por otro lado, apuntemos también que a los académicos se añadieron los misioneros religiosos de las iglesias protestantes, y evangélicas provenientes de los Estados Unidos,

El hecho se produjo como consecuencia de la difusión de los estudios etnográficos y antropológicos que proliferaron en los años sesenta y setenta y que, luego, acompañaron al resurgimiento étnico que coincidió con la dinámica que motivó la recordación de los "Quinientos años" de la llegada de Colón a las Américas. En ese instante, los antropólogos tuvieron una coyuntura favorable para sus estudios; al tiempo en el cual sociólogos y politólogos andaban huérfanos de asideros teóricos, en los días de "la crisis de los paradigmas".

En quinto lugar, nos parece importante citar a tres investigadores que coadyuvaron a renovar el pensamiento social latinoamericano e hispanófono, ellos son: Alejandro Portes, Jorge Castañeda y Manuel Castells, los tres proyectaron su obra a partir de los Estados Unidos.

Alejandro Portes trató en profundidad la sociología de las migraciones, los problemas del desarrollo y sobretodo permaneció consecuente con el análisis de clase como pívot para la explicación de las dinámicas sociales.

Jorge Castañeda provocó una ruptura epistemológica en el tratamiento de las historia de las ideas políticas en latinoamericana y desencantó la sociología heroica y misionera que acompañó la acción política en Latinoamérica.

En cuanto a Manuel Castells, él se constituye en el pionero del estudio del impacto y de las consecuencias que las tecnologías de la información y de la comunicación ejercen sobre la sociedad y la acción social. Castells explica nuestra historia contemporánea desde la perspectiva de la universalización de las redes de comunicación[10].

---

quienes abrieron a Bolivia al pluralismo religioso y fomentaron la educación bilingüe a través de la traducción de la Biblia al quechua y al aimara, y también de la producción de material didáctico.

[10] Es importante decir que los Estados Unidos es un interlocutor

La ensimismada Europa y su desinterés por América latina

"Europa es hoy en día el mayor inversor y el segundo socio comercial de la América Latina"[11]. Sin embargo, a nivel cultural y en lo que se refiere a las ciencias sociales su influencia y su interés por América latina está mitigada. Europa está ensimismada e introvertida, toda su energía la invierte en el funcionamiento de la Unión Europea, en la relación con el resto de países no miembros de la Unión y en otras de sus preocupaciones específicas: el envejecimiento de su población, la inmigración, el impacto del islam, la seguridad interior, entre las más cruciales. Estos son los temas que afligen a sus politólogos, sociólogos e historiadores (Hobsbawm 1996; Eco 2006; Glucksmann 2002; Todd 2002; Habermas 2006).

De otra parte, la emergencia de la India y de la China como nuevas potencias económicas, y el innegable ascenso de Rusia, absorben la atención de Europa y le obligan a ocuparse de lleno a la elaboración de una estrategia que preserve su cohesión y la marcha de su sistema económico y del bienestar social.

Sin embargo, a pesar de los obstáculos con los que tropieza, hay que reconocer que la Unión Europea es pieza

---

dinámico donde los latinoamericanos encuentran buen eco; ya sea por la expansión del bilingüismo como fórmula de comunicación o porque simplemente los términos del intercambio cultural variaron. Aquí nos parece importante señalar, por ejemplo, la ponderación que Fernando Henrique Cardoso dio a la publicación de su libro *The Accidental President of Brazil*, que más que una biografía es un balance de las condiciones que sitúan al Brasil como país emergente.

[11] Eso es lo que afirmaba el Presidente francés Jacques Chirac, en la conferencia de prensa de clausura de la Cuarta Cumbre UE-América latina entre el 11 y el 13 de septiembre de 2006 en Viena, Austria.

clave para garantizar universalmente los valores humanistas, de libertad y de democracia en el siglo XXI.

Ahora bien, ¿cómo repercute la situación Europea en las ciencias sociales en América latina?

Como anticipamos, en Europa disminuyó el interés por la América latina. De otro lado, los latinoamericanos recurren con menor frecuencia a justificar sus investigaciones con marcos teóricos y con argumentos producidos por los académicos europeos. Estamos ya lejos de la época en la cual la interpretación social debía remitirse a la escuela de Frankfurt, al estructuralismo althuseriano o a las opiniones de personalidades como Jean Paul Sartre.

Asimismo, Europa conserva, en el imaginario de su sociedad, las huellas de la realidad latinoamericana de los años sesenta y setenta, cuando florecieron los estudios sobre América latina, sobre el sub-desarrollo, las revoluciones y dictaduras, y cuando los especialistas se trasladaban al continente americano para investigar y probar sus teorías, como fue el caso de Claude Lévi-Strauss, que trabajó en Brasil.

Cojamos seguidamente la cuestión editorial. En esa esfera advertimos que los títulos publicados sobre la América latina por las editoriales estadounidenses, en relación a las europeas, revela una marcada asimetría de interés; Estados Unidos lleva de lejos a Europa en la cantidad de libros publicados referidos a la temática latinoamericana, en inglés e incluso en español. Asimismo, hay que decirlo, sin chauvinismo, que los más influentes intelectuales europeos, a no ser los especialistas de la América latina, ignoran la producción intelectual latinoamericanos[12]. Finalmente, un caso singular es la

---

[12] Además, los especialistas suelen reforzar estereotipos como el

reactualización del interés español por América latina, que resulta como un subproducto del impacto que ha producido la gran ola de miles de latinoamericanos que se trasladaron a la península a partir de la década de los años noventa.

Reflexiones finales

Uno de los aspectos más positivos del impacto de las ciencias sociales estadounidenses, sobre la producción de las ciencias sociales en América latina, es la variedad de los estudios de base empírica que privilegian los estudios de campo, la aproximación etnográfica y el análisis estadístico; la tradición sociológica estadounidense permitió sobrepasar el carácter conceptual y filosófico de cierta ciencia social proveniente de Europa y de la cual se nutrieron muchos investigadores latinoamericanos que, por mucho tiempo, privilegiaron el debate de conceptos y el esfuerzo por construir "grandes teorías", antes que a desentrañar los mecanismos y las estructuras de los fenómenos sociales e históricos.

Puede ser muy atrevido lo que decimos: la reforma intelectual, que debe suceder al proceso de estabilización democrática en América latina, es muy posible que provendrá de los Estados Unidos, de los intelectuales emigrados o de aquellos que visitan sus universidades. Y ella se difundirá en un formato bilingüe, rasgo que será propio a la cultura de las Américas a lo largo del siglo XXI.

Otra paradoja: quizás como consecuencia de la extroversión de la población de latinoamericanos, es que

---

siguiente : *"Les Latino-Américains ont la capacité d'être occidentaux et non occidentaux, intellectuels et sensuels, modernes et traditionnels, athées et religieux, chrétiens et païens, raisonnables et sentimentaux, critiques et lyriques et parfois, à l'image de Macounaïma, l'anti-héros de Mario Andrade, honnêtes en menteurs"* (Laplantine 1997: 122).

probablemente "lo latinoamericano", el sentimiento de destino e identidad común, se reinventará en los Estados Unidos, y en menor medida en Europa, en el seno de una comunidad que, en el extranjero, se presenta como un masa crítica y compacta y que se identifica con los valores de Occidente.

EL LABERINTO DE LA IDENTIDAD: LA DIÁSPORA LATINOAMERICANA Y LA RECOMPOSICION DE LAS AMÉRICAS *

Introducción

La América latina atraviesa un significativo proceso de recomposición geo-política y de su espacio económico, estas circunstancias obstaculizan la realización de su integración macro-regional. Diversas investigaciones y reflexiones evidencian una desaparición de las similitudes externas que presentaban los países (Rouquié 1988: 425), observan la desarticulación de la integración continental, la cual se asocia al surgimiento de reagrupamientos regionales, (Chalumeau 1997: 57) y analizan la aparición de fenómenos sociales propios a la evolución endógena continental y a la globalización (Delich 2004: 30). Los factores apuntados

---

* Artículo presentado al Seminario : *Les migrations Amérique latine-Europe: Quels défis pour l'analyse et les politiques?* GRIAL, Université Catholique de Louvain, Bélgica, 6 al 8 de noviembre de 2006.

condicionan las nuevas tendencias de su desarrollo y de los conflictos, además influyen en el rediseño de las identidades, a todo nivel.

En ese contexto, la emigración se añade como un renovado fenómeno socio-demográfico y como un factor que juega de manera determinante en la construcción de las auto-representaciones y en la proyección de los procesos culturales e ideológicos que alimentan la formación de las identidades y de las mentalidades. La emigración, asimismo, según el formato que presenta hoy, funge como un factor de desarrollo *ad-hoc*, como un elemento de gran influencia sobre las sociedades desde donde fue gestada. Las remesas han probado ser una importante fuente de ingresos para los países expulsores y efectivamente produce beneficios en ambos polos entre los cuales se efectúa el flujo humano, el nexo y la comunicación (Orozco 2006). Nadie niega hoy en día que la emigración estableció una economía muy particular.

En lo que se refiere a la migracione América latina-Europa, es necesario señalar que es un fenómeno reciente y, desde un punto de vista sociológico, una problemática en construcción carente aún de sistematización teórica; pues, en Europa, su impacto no interesa como aquel generado por las migraciones provenientes de otras regiones del mundo, del África y las procedentes de zonas geográficas de cultura árabe-musulmana. Ahora bien, para lo que nos interesa, es pertinente dejar en claro que la emigración de latinoamericanos a Europa, más allá del insignificante impacto que tiene sobre la sociedad local, se presta como pieza clave para comprender la recomposición geopolítica e imaginaria de la América latina. Pues, como explicaremos luego, los latinoamericanos al desarrollar diferentes formas adaptativas, según el país de pertenencia y el grado de identificación con Occidente, revelan las mutaciones culturales que acontecen en sus tierras de origen.

En tal sentido, nosotros ensayamos desencantar las ideas que se construyen acerca de la supuesta existencia de una identidad latinoamericana homogénea y los estereotipos y pre-conceptos que la alimentan. Pues, para nosotros, el fenómeno de la migración, de la existencia de una "diáspora"[1], permite, a las ciencias sociales, observar la diversidad de las adaptaciones culturales, la manera cómo circulan de valores y el uso que se realiza de las auto-representaciones. Faculta, por otro lado, a entender cómo los actores sociales concretos fabrican las ideologías de las que se sirven para desenvolverse en contexto ajeno e, incluso, para continuar influyendo sobre la sociedad que dejaron.

Para dar referentes empíricos a nuestra argumentación hemos recurrido a la estadística procesada por la OCDE, a partir de fuentes primarias y censos oficiales[2]. Esos datos nos autorizan a describir el volumen actual del flujo migratorio y proveer pistas para estratificar y diferenciar a la población estudiada. Incluimos también en nuestras apreciaciones la información directa, obtenida de los migrantes que pudimos contactar.

La proposición a resolver es la siguiente : Los procesos de integración nunca funcionaron de manera continua y estable en América latina; como consecuencia, en la actualidad, no existe un sistema de integración eficaz, lo cual alimenta, en la política y en la cultura, la subsistencia de sentimientos nacionalistas y localistas. Por otra parte, el

---

1 W. Safran, Beauchesne define a la diáspora como una relación triangular que una comunidad extranjera mantiene con su país de origen y el país donde se ha establecido.
2 La fuente estadística de la OCDE: <oecd.org>.

fortalecimiento de los movimientos étnicos, especialmente en los países donde la población indígena es considerable o mayoritaria (Bolivia, Perú, Ecuador, Guatemala, México), descubrió la imagen real de aquellas sociedades y obligó a considerarlas como esenciales a la diversidad cultural de las Américas. Sin embargo, como paradoja de la diversidad y de la heterogeneidad que presenta hoy la América latina, y como consecuencia y resultado mismo de la emigración, una nueva identidad latinoamericana está en proceso de ser inventada al exterior del Continente. Dicho de otra manera, la formación de un sentimiento comunitario y de una identidad común se están formando lejos de la América latina: en los Estados Unidos, allí donde la identidad adquiere la consistencia de una ideología de cohesión. Es decir, los "hispanos" echan mano a un cúmulo de ideas y valores funcionales, útiles para la adaptación, "integración", dentro la sociedad receptora. Ser "hispano" significa participar de un movimiento social que bajo la parafernalia de una identidad cultural común reivindica el derecho a la ciudadanía. Por ejemplo, las protestas realizadas el año 2006, en contra las leyes migratorias mostraron elocuentemente la cohesión reivindicativa de los "hispanos". De su parte, el Estado norteamericano oficialmente asume el término "hispano" para distinguir social y culturalmente a un segmento particular de los inmigrantes; para diferenciarlos del cosmos anglosajón al que, asimismo, le atribuye la encarnación de las tradiciones y valores estadounidenses (Todd 2002: 132; Huntington 2005: 39). La "hispanidad" sirve, entonces, para definir a una población que hoy constituye la primera minoría "étnica" de los Estados Unidos.

En Europa, los "latinos", los primeros migrantes de procedencia latinoamericana, fueron los exiliados políticos que escapaban de las dictaduras militares, durante los años setenta y ochenta. La denominación de "latinos" denotaba el origen geográfico y cultural de procedencia, pero también la idea cultivada por la izquierda latinoamericana de que los "latinos" vehiculizaban la utopía de la unidad política continental. Esta visión convergente posteriormente fue recuperada por los migrantes económicos que continuaron fluyendo a Europa; aunque nunca fue reivindicada en el horizonte de la acción colectiva con vistas a la integración en la sociedad receptora. En tal sentido, lo "latino", en Europa, en la actualidad, sólo se emplea para distinguir el origen geográfico y cultural de los latinoamericanos. En concreto, la categoría carece de contenido político, tampoco alude a una homogénea comunión de valores y a una rígida adscripción étnica. En todo caso, difundir la idea de la cohesión de la comunidad latinoamericana fue eficaz para que los exiliados pudiesen captar solidaridad política y, secundariamente, cobertura financiera para proyectos de desarrollo o para la promoción de actividades culturales: por ejemplo, festivales de cine, de música o literarios.

De parte de las instituciones oficiales y de los países de la UE, los "latinos" no son reconocidos como actores sociales. Es así que, los países miembros de la Unión nunca consideraron la migración proveniente de la América latina como un fenómeno que pudiese impactar demográficamente en sus sociedades; salvo España, donde el tema comenzó a ser considerado debido al impacto real de la presencia masiva de los latinoamericanos en el mercado laboral.

Y volviendo sobre la realidad continental, nos animamos a expresar que el "latinoamericanismo" parece haber cerrado su ciclo como proyecto integrador y de identificación endógena; y, más bien, en el contexto de la globalización, es posible que esta ideología aglutinadora esté siendo reinventada al exterior del área, es decir en Estados Unidos o en Europa, a partir de la acción cívica y cultural de la población emigrada.

Ahora bien, para comprender las migraciones de América latina hacia Europa es necesario poner en consideración tres aspectos: Primero, la historia de las migraciones de Europa hacia América latina; en segundo lugar, la evolución del aspecto demográfico que ha convertido la América latina de área receptora en área expulsora; y, tercero, las dinámicas de migración al interior de la América latina. El análisis de esos tres aspectos permitirá construir el modelo específico del fenómeno migratorio de América latina hacia Europa.

Por otra parte, la supuesta homogeneidad latinoamericana es engañosa, no solamente para el sentido común, sino para la sociología que percibe la América latina a través de un filtro que resalta la comunidad lingüística, el mestizaje cultural y los valores occidentales que irradian oficialmente las repúblicas.

En fin, un análisis comparativo, entre la migración de latinos hacia Europa con la de latinos hacia Estados, ayudará a comprender el fenómeno en un horizonte mucho más extenso.

Los procesos migratorios de la América Latina

La emigración transcontinental, entendida como un movimiento masivo de poblaciones, es reciente, si se presta atención a los procesos demográficos de la América Latina. En sentido propio, la emigración comienza en la década de los años setenta, inducida principalmente por los conflictos políticos internos, por las dictaduras militares que se generalizaron en casi todo el Continente. Luego, la emigración se expande, en los años ochenta; esta vez como consecuencia de la depresión económica[3]. Posteriormente, a fines de los años noventa, la expulsión de población latinoamericana cobra un nuevo auge; las causas, en este nuevo ciclo, se relacionan con los programas de reajuste estructural que se aplicaron en la mayoría de los países del área. Es innegable también que la emigración, a fines de siglo, se ha visto amplificada como efecto de la revolución en los medios de comunicación y por la globalización. Estos ingredientes, asimismo, dinamizaron las redes por medio de las cuales se entablan las relaciones y la movilidad de los seres humanos.

Por otro lado, se puede puntualizar que las condiciones estructurales e ideológicas para la realización de la emigración, hasta los años ochenta, estaban virtualmente adormecidas. Primero, por el supuesto de que los países latinoamericanos precisaban grandes reservas de mano de obra para desarrollarse y crear sus mercados internos. Segundo, porque los Estados enarbolaban una política de fomento de la inmigración extranjera, con el propósito de poblar sus vastos territorios o atraer inversiones modernizadoras. En otras palabras, la América latina fue un continente de inmigración y si bien nunca fue considerada al mismo título que Estados Unidos, Canadá o Australia, ella acogió permanentemente inmigrantes provenientes de Europea y, en menor grado, inmigrantes de orígenes asiático, árabe o judío (Delich 2004: 69).

De otra lado, dentro la historia de los procesos migratorios internos, es pertinente advertir que, a lo largo del siglo XX, el Continente vivió una permanente dinámica

---

3 La crisis económica de manera general se debió al endeudamiento externo, al desgaste de la organización y de la tecnología industrial y a la pobreza rural, en países donde la economía campesina permanecía significativamente.

de circulación de personas, de mano de obra. En este periodo, sobre todo en la primera mitad del siglo, es cuando se consolidan los grandes centros urbanos: Buenos Aires, Caracas, Lima, Bogotá, Santiago, Montevideo y México, y, paralelamente, se pone en pie, en la mayoría de los países, parques industriales modernos. En tal sentido, en esta etapa, los latinoamericanos incorporan a su conducta social los hábitos y valores de la cultura de la emigración; una práctica que es propia a las sociedades contemporáneas y que supone una acción voluntaria de desplazamiento, con el objetivo de adquirir trabajo, mejores condiciones de vida y bienestar.

Las migraciones internas fluyen entonces hacia los polos de atracción implantados alrededor de los países industrialmente aventajados: Argentina, Brasil, México y Venezuela[4]. En general los migrantes captados provenían de países circundantes. Además del movimiento hacia las ciudades y hacia los centros industriales, se produce también un movimiento de mano de obra temporal, campesina, que se orienta hacia las grandes plantaciones existentes en el entorno capitalista urbano.

Un caso especial es el movimiento migratorio de mexicanos a los Estados Unidos, el cual es temprano (Gonzáles 2000) y tiene una extensa literatura sociológica. Sin embargo, es importante hacer notar que Estados Unidos

---

4 Si bien los tres primeros países en cuestión tienen una amplia historiografía sobre la inmigración, el caso de Venezuela es discreto, en ese propósito nosotros recordamos lo siguiente: "*Les dernières vagues migratoires sont liées au pétrole. A l'issue de la seconde Guerre mondiale, des Européens, Italiens, espagnols et Portugais dans leur grande majorité, viennent au Venezuela. Cette immigration s'établit essentiellement entre 1945 et 1961 et elle atteint 550.000 personnes environ. Elle est relayée, à partir de 1961, par une immigration provenant des pays pauvres de la périphérie vénézuélienne, Colombie, Equateur, Brésil, république Dominicaine et Petites Antilles.*" (Pouyllau 1992: 165)

atrajo a los latinoamericanos ya desde principios del siglo XX, especialmente a los trabajadores provenientes de Centro América y del Caribe, los cuales pasaron discretamente en las estadísticas, ensombrecidos por la cantidad de población proveniente de Europa. Los latinoamericanos, en aquel momento, fueron clasificados simplemente como "mexicanos" o "portorriqueños".

Otro aspecto importante, dentro del fenómeno de las migraciones en América latina, es el flujo procedente de Europeos, que fue continuo a lo largo del siglo XX. Para los europeos la América latina siempre fue atractiva y utópica (Stols, 1998: 242). Para ilustrar la seducción que significa la América latina para los Europeos, expongamos las cifras de la población extranjera asentada en México, y es así que, en 2004, se cuentan 71.280 inmigrantes latinoamericanos contra ¡41.730 europeos!

La emigración a Europa : puntos de referencia empíricos

El perfil de la emigración de los latinoamericanos a Europa puede observarse rigurosamente, ya lo adelantamos, a partir de los datos e informaciones que dispone la OCDE y que se refieren a la población legalmente establecida.

Por otro lado, en nuestro análisis retenemos dos variables: 1) La procedencia, desagregada en cuatro categorías : países con tradición de inmigración europea, países andinos, al cual añadimos Paraguay (en función de su componente indígena), países centroamericanos y del Caribe y México[5]. Las categorías están separadas en consideración

---

5 La particularidad de México la argumentamos en virtud al grado de su desarrollo económico (su adscripción al ALENA) y, para nuestros propósitos, porque constituye un centro de atracción migratoria para los latinoamericanos.

a las condiciones de su dinámica actual. 2) El nivel educativo de los inmigrantes, que además, con fines comparativos, es complementado con datos referentes a Estados Unidos, Canadá y México.

Asimismo, resaltamos la situación particular de México, Argentina y Chile, donde ocurren fenómenos que llamaremos de "intercambio de poblaciones" y "reversión migratoria"[6].

En referencia a la primera variables, recalquemos que los ciudadanos del grupo de países Andinos (Ecuador, Perú y Colombia) son los que en mayor número llegan a Europa. Pero antes anotemos la cifra global de inmigrantes: en 2005 la OCDE registra un millón y medio, es decir, exactamente, 1.555.837 residentes latinoamericanos distribuidos en los diferentes países de la Unión.

España destaca como país receptor, seguido por Italia y Francia.

En cuanto a los países con tradición migratoria europea, los argentinos se concentran en España e Italia. Del total de 188.552 argentinos presentes en el viejo continente 103.851 fijan su estadía en España y 51.677 en Italia. Al contrario, los brasileros se distribuyen de manera más proporcional a través España e Italia; aunque, Portugal resalta como su destino de preferencia. La cifra de brasileros en Europa es de 202565.

En cuanto a los países centroamericanos y del Caribe ellos representan, en conjunto, una población menos numerosa: 201.396 emigrados. Los países cuya presencia es insignificante son Costa Rica que registra 4.796 individuos y

---

6 Entrecomillamos el término "reversión migratoria" para quedar prudentes; sin embargo, el término ha sido ya sugerido dentro de la problemática por Javier P. Grossutti cuando analiza la migración de loa argentinos a Italia (2005: 97).

Puerto Rico 709. Tal circunstancia puede explicarse por el hecho de que los ciudadanos de estos países optan preferentemente por emigrar hacia Estados Unidos, Canadá y México. Sin embargo, del grupo de países antes mencionado, son los cubanos, 69.362, y los dominicanos, 73.675, los que se distinguen como emigrantes a Europa. La mayoría de los cubanos son refugiados políticos; los dominicanos tienen el perfil de refugiados económicos.

Ahora bien, si nos concentramos en la situación de los países andinos y del Paraguay, percibimos el panorama descrito enseguida. Los dos países que proveen mayor número de inmigrantes son Colombia, 250.321, y el Ecuador, 244.014, seguidos por Perú, 114.893, y Venezuela, 140.422. Las causas que inducen a la emigración en Colombia están directamente ligadas a la violencia política y a la engendrada por el narcotráfico. En cuanto al Perú, la expulsión de población se acrecentó enormemente durante los años ochenta, debido, igual que en Colombia, a la violencia política que fue agravada por el quiebre de la economía nacional. Respecto a los ecuatorianos y a los venezolanos estos fueron obligados a dejar sus respectivos países impelidos por la crisis económica que se hizo insostenible en los años noventa.

Ahora bien, el caso del Ecuador merece un examen particular, en razón de que siendo un país demográficamente pequeño, en la región, se convirtió en uno de los principales proveedores de migrantes en Europa. ¿Cómo se explica este caso de excepción? La respuestas, provistas por quienes se ocuparon del tema, coinciden en identificar dos factores detonantes del *boom* migratorio: la coyuntura económica de recesión y las condiciones flexibles de la legislación española que concedía a los ecuatorianos una puerta de acceso fácil a Europa (Gómez 2001). Nosotros añadimos que, tomando en cuenta los procesos de las migraciones internas en América latina, la sociedad ecuatoriana fue segregada estructuralmente de las rutas por donde fluyen los migrantes hacia los polos receptores. Es decir, Ecuador se encuentra alejado de los polos interiores de atracción más próximos: Brasil y Argentina; además, se vio bloqueado por la situación de violencia dada en Perú y Colombia, especialmente en la década de los ochenta. Así, desde el punto de vista migratorio, los ecuatorianos no tuvieron otra alternativa que trasladarse a los Estados Unidos o a Europa. Los ecuatorianos no tienen la suerte de los bolivianos y paraguayos, quienes contribuyen de manera masiva con su mano de obra en Sao Paulo, Río de Janeiro o Buenos Aires.

Entre los países donde la emigración europea fue continua, específicamente la Argentina, la cinética del fenómeno puede tipificarse como la de una "reversión migratoria", que, por otra parte, se asocia con la forma en la cual se asimilaron los europeos a la sociedad local. Entonces, caben las siguientes preguntas: ¿quiénes son los argentinos que emigran a Europa? ¿cómo se integran en el mercado laboral? ¿qué estrategias emplean para lograr residencia? Es muy pertinente señalar que el Censo nacional argentino de 2001 registró una población de 432.349 europeos, de los cuales el 91,18 % eran personas de entre 55 a 65 años de edad; es decir, una población relativamente mayor que conservaba aun su nacionalidad de origen. Esta población quizás tenga que ver directamente en la reversión migratoria de la que hablamos y, como advertimos, expresa la particularidad de los procesos demográficos y de los intercambios poblacionales. En cuanto al Brasil, la realidad migratoria presenta un cuadro similar al Argentino y, por tanto, podría concedérsele similar análisis explicativo. Sin embargo, lo que caracteriza al Brasil es que su población emigrada ofrece una repartición equilibrada a través de los diferentes países europeos; eso deja suponer que existe una relación entre la distribución de la población, en los diferentes asentamientos nacionales, y la pluralidad de orígenes europeos dada al interior de la sociedad brasilera. Es curioso percibir que en países que apenas atraen a los otros latinoamericanos, como Austria, Suiza o Grecia, los brasileros llevan, de lejos, una gran ventaja cuantitativa.

Chile, a su turno, muestra una imagen excepcional, pues, de haber constituido un país expulsor, en la actualidad, en virtud de su crecimiento económico e estabilidad institucional, parece encaminarse hacia el modelo de la reversión migratoria; o, mejor dicho, manifiesta un claro equilibrio en lo que toca a su saldo migratorio. La presencia de los chilenos ha decaído en Europa y su número es inferior al volumen marcado por el resto de países andinos. Y si nos retornamos hacia la realidad chilena, podemos decir que por primera vez ese país se muestra atractivo a la migración procedente de los países vecinos. Chile parece demostrar que solamente el desarrollo económico, el bienestar social y la estabilidad institucional son las condiciones que atenúan la expulsión de población, en los países del Sur. Dicho sea de paso, en periodo intercensal 1992-2002: "la inmigración internacional habría sido más importante que la emigración, configurándose, para este decenio, un nuevo escenario sobre las migraciones internacionales en Chile" (INE-Chile 2003). Así, a fines de los noventa se establecieron en Chile alrededor de 125.000 personas provenientes de América latina (INE-Chile 2003: 18). Advertir también que en el Censo 2002 se registró, en Chile, 31.727 europeos. Retornando a Europa, demás está decir que los chilenos fueron una población latinoamericana pionera, exiliada luego del golpe de Pinochet. Los migrantes de origen chileno componen una destacada comunidad en Suecia; y, contrastando con el carácter insular y aislacionista que muestra la sociedad y el Estado chileno, respecto a la integración en Latinoamérica, los chilenos en Europa fueron los abanderados de la causa latinoamericana. Por otro lado, ya que nos referimos a esta población de migrantes en concreto, hay que anotar que en Suecia se pondera su voluntad de integración, pues se la ubica en el primer puesto del *score* de participación con el que se determina el grado de integración de los extranjeros (Bäck et al. 1993: 125).

El Uruguay es un caso atípico, desde el punto de vista demográfico. La realidad uruguaya se homóloga con la europea; es decir, su transición demográfica marca una tendencia de crecimiento cero, cuya consecuencia es el envejecimiento de la población. Además, revisando el pasado inmediato, se advierte, como en el resto del cono Sur, que las causas de la emigración estuvieron directamente asociadas a la dictadura militar y la represión política que vivió la región durante el periodo.

En cuanto a la situación mexicana ella es totalmente *sui generis* o quizás manifiesta que México definitivamente pertenece al grupo de los países industrializados. Primeramente, es innecesario recordar que el flujo principal de emigración se dirige a los Estados Unidos. Enseguida, hacemos notar nuevamente que entre México y la Unión Europea existe un intercambio equivalente de poblaciones, expresado en cifras: 42.592 europeos viven y trabajan en México contra 464.38 mexicanos que son acogidos en los países de la Unión Europea. Y si focalizamos la observación respecto a España, observamos que en ese país se instalaron 20.949 mexicanos y que, del otro lado, los españoles en México registran el número de 21.114 individuos.

Ahora, volvamos sobre el terreno educativo. Retomemos el caso mexicano y veamos el perfil del grado de escolaridad y formación que muestra esta población; así, se constata que entre México-Europa se reitera un intercambio equivalente. Lo que quiere decir es que la mayoría de los mexicanos que llegan a Europa, como de los Europeos que se instalan en México, poseen un diploma de enseñanza superior, universitaria o para-universitaria. En números, la población europea establecida en México revela los siguientes rasgos: 52,4% tienen educación universitaria, un 26,6 % educación para-universitaria y un 20,9 % educación básica.

Los mexicanos en Europa, según datos de la OCDE, lo reiteramos, ofrecen esta imagen: de los 29.714 mexicanos residentes en España, Francia, Inglaterra e Italia– países donde se establecen con preferencia los latinoamericanos– el 50,2 % tienen educación superior, el 26,7 % instrucción media y 23,0 % instrucción básica. Entonces, los mexicanos en Europa parecen mostrarse competitivos dentro un mercado laboral exigente que demanda trabajadores muy bien calificados.

Enseguida, es pertinente anotar la situación que presenta el resto de los inmigrantes latinoamericanos, no mexicanos, a nivel educativo: un 23,83 % posee educación universitaria, un 28,71 % a alcanzado un nivel escolar medio y la mayoría, un 47,46 %, sólo tiene educación escolar básica. Una peculiaridad de la asimilación de los migrantes, en consideración al nivel de escolaridad que poseen, es que Gran Bretaña se constituye en el país que aprovecha substancialmente de los latinoamericanos mejor formados; es decir, un 45,59 % de los asentados allí son universitarios. Dicha proporción no es vista en ninguno de los otros países. A la inversa, en España e Italia convergen los latinoamericanos con menor nivel de escolaridad cursada.

El modelo migratorio latinoamericano

Las migraciones de América latina hacia Europa están condicionadas por cuatro elementos: primero, por la intensa historia de los intercambios culturales y poblacionales efectuados con Europa; segundo, en relación a la evolución demográfica misma, que convirtió a la América latina de país receptor en país expulsor; tercero, por los procesos migratorios internos; y, cuarto, por la heterogeneidad cultural de las poblaciones. Los cuatro elementos van a definir la estructura del modelo migratorio de América latina hacia Europa; es decir el sistema que se formalizó alrededor del fenómeno demográfico y que pasamos a explicar.

1) Existencia de polos modernos de atracción migratoria que regulan las migraciones a nivel global y producen una cultura de emigración. Las migraciones internas en América latina, como en el resto del mundo desarrollado, se han fundado sobre la demanda de mano de obra trabajadora susceptible a emplearse en la industria. Paralelamente a la satisfacción de este requerimiento, se abren puestos de trabajo en el sector de los servicios; ambos contribuyen a la expansión urbana. Argentina, Brasil, México y Venezuela cumplen con esas características; sin embargo, a diferencia de Europa, la estructura agraria de estos países, y de América latina en general, combina una producción de estilo moderno con el empleo de mano de obra intensiva temporal e itinerante que funge, coyunturalmente, como reserva de trabajadores para la industria. El patrón funcionó y se desarrolló de manera constante hasta finales de los años setenta, momento cuando, entre otros factores, el colapso de los proyectos de desarrollo por sustitución de importaciones provocó una crisis en el conjunto de las economías

latinoamericanas. La crisis desencadenó un disfuncionamiento social y las condiciones para la emigración. Sin embargo, los polos de atracción migratoria, a excepción de Venezuela, se adaptaron a la coyuntura; de esta manera, especialmente México y Brasil se favorecieron con la posibilidad de remplazar a su propia clase obrera con una mano de obra más barata, flexible y dócil *vis-à-vis* de los derechos laborales y sindicales. La nueva mano de obra llegó desde los países vecinos. Paradójicamente, Brasil y Argentina inducen a sus ciudadanos a la emigración, mientras que, por otro lado, son capaces de ofrecer amnistía para legalizar a los inmigrantes que provienen de los países limítrofes[7].

Los polos de atracción migratoria cumplen dos funciones: históricamente se constituyen como válvulas de regulación de los flujos migratorios entre las sociedades metrópolis capitalistas y las sociedades no industrializadas; además, estimulan la generalización de una cultura migratoria en las masas. Así, no es sorprendente encontrar en España a obreros bolivianos o a mujeres, empleadas en el servicio doméstico, cuya primera experiencia migratoria la realizaron en Buenos Aires. Dicho de otra manera, los ciudadanos de los países menos desarrollados disponen de los polos capitalistas internos como de lugares alternativos donde emigrar. Otro hecho, para argumentar sobre el rol regulador que cumplen los polos migratorios en cuestión, es la dinámica del desplazamiento migratorio de los ecuatorianos, ya tratado antes.

---

7 En todo el periodo, el flujo de bolivianos a la Argentina ha sido constante. Los bolivianos que hasta los años setenta eran empleados en la construcción y en las plantaciones, a partir de los ochenta, se incorporan a la industria de la confección y las nuevas industrias tipo *maquiladoras*. En el Brasil acontece lo mismo, especialmente en Sao Paulo.

2) Reversión de los flujos y equilibrio en el intercambio del volumen de las poblaciones. La América latina, con el auge de la inmigración europea efectuado a finales del siglo XIX y principios del Siglo XX, manifiesta, en su historia moderna, un importante capítulo que, luego, al alba del siglo XXI, se trastocará en un fenómeno inverso, en una reversión migratoria, en un cambio en la dirección del flujo de mudanza de población. De otra parte, la reversión se hace posible en virtud de dos elementos. Primero, por la permanencia de conexión, o la reactivación de los contactos culturales con el lugar de origen; como es el caso de los muchos argentinos que reivindican volver a Europa. Segundo, por el mejoramiento de las condiciones de desarrollo económico y social en el lugar de origen y que implica el "retorno"; como el caso de chilenos que vuelven al país después haber vivido en el extranjero[8]. La reversión migratoria puede entenderse también como el pasaje que experimenta un país cuando este, en un corto lapso de tiempo, se convierte de ser país receptor en un país expulsor, o viceversa.

3) La ilegalidad concebida como etapa transitoria. Vamos a entender como cultura de la emigración al conjunto de representaciones y prácticas que los actores ejercitan, de manera adaptativa, en un territorio del cual no son originarios y en el cual desean o ya efectuaron su instalación. Ahora bien, la legitimación de la instalación requiere un reconocimiento formal por parte del Estado receptor; entonces se habla de legalización. En condiciones en las

---

8 Un dato a no dejar pasar de lado: según información de la OCDE, es que México registra 343597 extranjeros de nacionalidad estadounidense en su territorio: ¿doble nacionalidad? ¿retorno a suelo mexicano luego de adquirido la nacionalidad estadounidense? La respuesta a esas preguntas podría ayudar a construir la idea de la reversión migratoria.

cuales la obtención de la permanencia legal está sujeta a una estricta regulación, los migrantes, al no conseguir residencia formal, despliegan un *ethos* pragmático que les lleva a considerar la ilegalidad como un proceso transitorio, una antesala casi necesaria dentro el proceso migratorio. Nos explicamos, en los Estados Unidos, por ejemplo, los latinoamericanos ilegales se ven a sí mismos como potencialmente "regularizables", lo que no les impide desenvolverse bajo la cobertura de la economía informal. De la misma manera, tanto en el Brasil, en la Argentina, en Venezuela o en México, la ilegalidad es percibida como circunstancial; incluso reforzada por el hecho que los Estados realizan periódicamente amnistías migratorias[9]. Una conducta y percepción de esta índole también se da en Europa y eso quizás a falta de una política migratoria que, asimismo, crea una actitud pasiva, respecto de la integración, en los migrantes. Los latinoamericanos, nos dice un conocedor de la situación en Europa, "intentan su suerte en la ilegalidad sin ni siquiera hacerse conocer como refugiados" (Faux 1993: 250).

4) La concentración de latinoamericanos en España e Portugal se explica por la doble vía de la utilización efectiva del capital cultura (origen lingüístico) y social (reactivación de redes familiares, especialmente en personas con origen europeo). También se vio animada por las convenciones migratorias reciprocas, flexibles, que algunos países mantuvieron con España y Portugal.

5) Multiplicidad de modos de integración y adaptación. Conducta diferencial de adaptación y relación con el país de

_____

9 En la historia de la inmigración en la Argentina se constata que la amnistía para los inmigrantes de los países limítrofes tiene una constancia cíclica que se repite cada diez años (Zalles 2002).

procedencia. La diferenciación adaptativa está definida fundamentalmente por quienes viven dentro el esquema de "reversión" migratoria; tal el caso de los argentinos de origen europeo que "retornan" y que finalmente conciben Europa como parte de su identidad. En segundo lugar, la diferenciación se establece en referencia al capital social y cultural que poseen los individuos y que los distribuye de manera desigual en la sociedad.

6) El modelo de la familia existente en América latina permite a las mujeres asistir de manera independiente al mercado de trabajo. De esa manera, las mujeres pueden acceder en los nichos laborales en los cuales es necesario demostrar autonomía respecto del conjugue o su familia, tal el caso del trabajo doméstico. Así, de otra parte, se explica el rol pionero de las mujeres en el proceso de la emigración; o la "feminización" de la migración que incumbe a regiones y países específicos de la América latina.

La emigración y la construcción de la identidad

La América latina posee una identidad común vulnerable porque sencillamente nunca produjo su integración. La integración política, tal que el proyecto bolivariano de la Gran Colombia, fracasó tempranamente y otros intentos confederativos, como el centroamericano, corrieron el mismo rumbo. América latina, a pesar de poseer una suerte de unidad cultural fraguada alrededor de la comunidad lingüística, de la afinidad entre el portugués y el español, de un pasado colonial común y sobre todo de un espíritu democrático ligado al origen de sus repúblicas, permanece políticamente desarticulada.

Pero a nosotros no nos interesa debatir la historia o las percepciones acerca de la formación de la identidad común latinoamericana; nuestro objetivo es más modesto, queremos explicar el fenómeno de la emigración de los latinoamericanos a Europa y ver cómo este hecho influye en la recomposición de las Américas. Por otro lado, hay que poner en claro que la identidad es un elemento ideológico, inventado y construido, que vehiculiza la adaptación cultural y la socialización de los individuos. En tal sentido, lo paradójico de la historia reciente de América latina es que la identidad convergente surge a partir y como consecuencia de la extraversión de su población, de una cultura de éxodo que dio lugar a una diáspora en los Estados Unidos. Es de esa manera que se habla de los "hispanos" y quienes se auto-representan como tales parecen defender una sola identidad. Oficialmente el término de "hispanos" se emplea para distinguir y situar a una población específica que reivindica su integración en el país receptor. Es así que la fuerte cohesión ideológica, de identidad, de los "hispanos" es fruto de las condiciones de exilio, pero sobretodo de las condiciones políticas, sociales y culturales de la sociedad receptora. Un paso fundamental en la invención de lo "hispano" fue la emergencia, en Estados Unidos, de una élite política y económica latina y, junto con ella, la reivindicación que ésta hace de la ciudadanía americana. En otras palabras, los "hispanos" no son un grupo pasivo políticamente, constituyen un grupo de presión y poco a poco una masa crítica de votantes que influyen fuertemente en el acontecer societal de los Estados Unidos. Sin duda, la nutrida presencia de latinoamericanos en los Estados Unidos es la condición de base para el surgimiento de un proyecto común, de un programa de identidad cultural. El surgimiento de la comunidad de intereses y de la auto-representaciones no fue inmediato, fue el resultado de la voluntad de una segunda o tercera generación que comprendió que su integración pasaba por la marca de su diferencia cultural (Portes y Rumbaut 2001).

Otros aspectos de la construcción de la identidad son las condiciones intelectuales y culturales existentes en Estados Unidos que, de manera institucional, han promovido una voluminosa y nutrida difusión de la obra y trabajo de artistas e intelectuales latinoamericanos. El español es un vehículo cultural importante en los Estados Unidos. Por otro lado, las universidades y centros de investigación social dedicados a la América latina tienen una fluida relación con los principales centros culturales y científicos latinoamericanos.

Ahora bien, si volvemos a considerar la identidad latinoamericana en el marco de las migraciones hacia Europa, esta aflora a fines de los sesenta y está impregnada del voluntarismo latinoamericanista de los exilados; hoy, sin embargo, la convergencia ideológica entre los emigrados es débil. En todo caso, los "migrantes económicos" dirán la última palabra sobre la cuestión; aunque es necesario decir que los latinoamericanos no tiene gran significación estadística en relación con el resto de la población extranjera asentada en Europa y que proviene de otras áreas geográficas. El impacto demográfico, cultural o político no es global, salvo en España o Italia, donde tendrán la posibilidad de constituirse en una "comunidad" extranjera.

En resumen, si se habla de un proceso de construcción de la identidad latinoamericana en Europa, este atraviesa dos etapas: la primera corresponde a la manifestación de una identidad basada en una nostalgia utopista que predicaba la solidaridad entre los pueblos y la resistencia política heroica; la segunda, corresponde a la generación de los inmigrantes económicos y se basa en una presentación culturalista y folclórica del mundo latinoamericano, además carente de connotación política.

BOLIVIA: ¿LLEGO EL *TAKE-OFF* DEL DESARROLLO?

Introducción

Bolivia vive un periodo de crecimiento económico sin precedentes; en cifras, según la CEPAL, la tendencia ascendente alcanzó en la última década su punto más alto: 5,5 %, al finalizar el año 2014; en 2016 registró un 4,5 %. Estos datos, dispuestos en la línea de la historia boliviana contemporánea, expresan una ponderable transformación cualitativa del sistema económico; sobre todo, si se lo compara con el deprimente estado en el cual se encontraba la estructura productiva en la "década perdida", en los años ochenta. En aquel momento, la columna vertebral de la infraestructura productiva estatal, la minería, estaba colapsada y, desde luego, el conjunto de entidades subsidiarias: las empresas públicas y los gobiernos locales.

En 2017, en referencia a la franca evolución del crecimiento, se puede decir que el país transita de manera efectiva en un periodo de despegue y modernización. El aumento del volumen de la riqueza generada por la sociedad está complementado con otros estimulantes indicadores de desarrollo. Así, por ejemplo, la inversión pública continúa en extensión y, lo que es importante, la tasa de ejecución de esta inversión es cada vez mayor. Dicho de manera sencilla: las entidades responsables del desarrollo: gobernaciones y municipios juegan ahora un rol activo en la elaboración y puesta en marcha de proyectos generadores de riqueza y bienestar. De esta manera, la inversión pública adquirió un carácter empresarial. El Ejecutivo estimaba que en 2015 la inversión pública sería de \$us 6.179 millones, 37% más de lo previsto para 2014 que fue \$us 4.519 millones. Los proyectos que destacan son el sistema de teleféricos instalados en la Ciudad de La Paz y, asimismo, el flamante sistema de transporte municipal. La nueva red de transporte urbano no sólo tiene un carácter económico, sino favorece la movilidad ciudadana, y por tanto quiebra con la compartimentación territorial de las clases sociales.

A nivel de la microeconomía, la estructura está en plena mutación y la conducta de los agentes, sin duda, se adapta bien al nuevo escenario. Eso se expresa en los nuevos patrones de consumo, ahorro e innovación que fueron estimulados por el superávit. Las oportunidades, desprendidas de la globalización, están rompiendo las tradiciones y modificando la cultura en todos sus aspectos: y aunque los nuevos burgueses se niegan a abandonar su vieja piel de miseria y se aferran nostálgicos a su folclore carnavalesco, están bien decididos a acrecentar sus ganancias y afirmar su dominio económico. Así, por ejemplo, los dueños de pequeños talleres de transformación de materias primas o de medianos almacenes de abarrotes pasan a crear y administrar pequeñas empresas industriales y comerciales, con el objetivo de exportar sus productos a los mercados del hemisferio Norte o a los del Asia (Tassi 2014).

Ahora bien, para el análisis sociológico, la extraordinaria coyuntura que experimenta el país es desafiante y provocativa; pues, la historia de la economía boliviana tuvo un transcurrir lineal, constante, efecto de la baja productividad que caracterizaba al sistema económico en todos sus rubros. Lo cual, por otro lado, etiquetó a Bolivia como un país de subsistencia, empantanado en la pobreza. Y si bien en ciertos momentos hubo picos de crecimiento, en realidad estos fueron ciclos cortos que cayeron con el mismo fulgor con el que retoñaron; frenando, naturalmente, un desarrollo duradero.

Los cuatro grandes momentos, en los cuales la economía mono-exportadora alcanzó excedentes significativos, no pudieron garantizar un despegue y eso porque el sistema de producción tenía un carácter desigual y combinado y era, por tanto, inestable; incapaz de incubar capitales.

A nivel social, la compartimentación entre las clases era rígida y, en la estratificación, el reducido componente urbano subordinaba a la mayoría rural, social, cultural y económicamente. Las coyunturas de relativo auge fueron: 1) 1879-1904, excedente de la plata; 2) 1904-1920, primer excedente del estaño; 3) 1952-1960, nacionalización de minas y segundo periodo de excedente del estaño; 4) 1971-1978 excedente hidro-carbonífero, agroindustrial y minero. Cada periodo, dicho sea de paso, consolidó etapas de relativa estabilidad política; lo que no quiere decir que conflictos sociales estuvieron ausentes.

Luego de esta breve consideración histórica, será prudente plantearse algunas preguntas que ayuden a imaginar hipótesis explicativas acerca del novedoso escenario que atraviesa Bolivia. Pues, el bienestar económico y el beneficio de los excedentes generados parecen, por fin, extenderse de manera estimulante al conjunto de la población boliviana. He aquí las interrogantes: ¿cuáles son los factores que originan del despegue económico?; ¿el "milagro económico" está marcado genéticamente por la fatalidad del ciclo corto de bienestar, propio de la periferia capitalista?; ¿el impulso de desarrollo corre el riesgo de bloquearse?; ¿el despegue recorre las etapas previstas por el modelo diseñado en la teoría de Rostow?; ¿cuál es el impacto del despegue económico en los hábitos sociales y qué nuevos patrones de comportamiento cultural y técnico está generando en la población?

Los factores determinantes del despegue

De las pocas "verdades" vigentes del marxismo –si se puede hablar de verdades en el dominio del pensamiento social– perdura aquella que dice que la economía determina la consciencia y la vida de la sociedad.

Si tomamos esta idea como base generatriz de nuestras respuestas, subrayamos que el despegue hacia el desarrollo y las transformaciones culturales que vive la sociedad boliviana son esencialmente económicas y no políticas; y en tal sentido, es imprescindible poner una cosa en claro: *el mecanismo de activación del despegue boliviano, del flujo ascendente producido por las fuerzas productivas, fue inducido por la dinámica de reordenamiento global del capitalismo* cuya vanguardia, en lo que nos concierne, representan las potencias emergentes: el Brasil, en el ámbito regional y la China en el espectro mundial. En la eclosión global de la economía de la que somos testigos en este principio de siglo XXI, por un azar, la geopolítica del reordenamiento planetario sitúa Bolivia en medio de la ruta comercial de ambas potencias económicas; y, además, los atributos del país andino, rico en recursos minerales y energéticos estratégicos, le añaden un valor suplementario: una ventaja comparativa.

La ruta de la que hablamos podría ser expedita para los dos colosos económicos, a no ser del macizo andino que se interpone en medio entre los puertos de Iquique o Arica y las llanuras del Mato Grosso, al extremo oeste del Brasil. De ahí el interés actual de crear un ferrocarril interoceánico, proyecto en el cual se inmiscuye incluso Alemania. En concreto, Bolivia parece por fin encontrar un rol protagónico dentro una economía global dispuesta a considerarle, ahora, con benevolencia. Una prueba de ello son las importantes inversiones en infraestructura caminera que el Brasil financia a en Bolivia y, de otra parte, las privilegiadas relaciones comerciales abiertas con la China, cuyo beneficio más publicitado fue la puesta en órbita del satélite "Tupak Katari", aunque también las borrascosas inversiones mineras efectuadas por el país asiático en Bolivia.

Ahora bien, los factores que favorecen el despegue boliviano son: 1) Integración en el circuito del comercio global; Bolivia está ubicada de manera privilegiada sobre el eje que liga Brasil con China. 2) La subida de los precios de los minerales tradicionales y no tradicionales; por supuesto, en especial del litio. 3) El volumen de reservas de gas natural que posee Bolivia constituye una garantía para sostener el bienestar económico a mediano plazo.

En cuanto al robusto eje geopolítico establecido entre Brasil y China, este se consolida por la mutua voluntad de ambos países y que, por otro lado, está secundado por otras potencias emergentes: India, Rusia y la república de Sud África. Cabe recordar que estos países conforman el proyecto de integración económica conocido como por el acrónimo de *BRICS*. Asimismo, la línea de vínculo que une Brasilia con Pekín, no solamente es comercial, sino que tiene un carácter político y pretende fortalecer un corredor estratégico para la realización del desarrollo económico global en el siglo XXI.

La influencia que ejerce en el Continente latinoamericano cada uno de los países es diferente, por razones históricas, geográficas y culturales.

En primer lugar, hay que recordar que el Brasil intervino y tuvo presencia activa en el desarrollo de la economía boliviana muy tempranamente, acentuándose la segunda mitad del siglo XX. Dicho de manera ilustrativa, el desarrollo del Oriente boliviano fue siempre subsidiario de los logros de progreso alcanzados por los estados fronterizos del Acre, Rondonia, Mato Grosso y Mato Grosso do Sud. La agroindustria boliviana creció bajo el molde de su homóloga brasilera y el ferrocarril Corumba-Santa Cruz fue una suerte de cordón umbilical por el cual se nutrió el comercio importador de Santa Cruz. La población boliviana se procuró, a través de ese canal ferroviario, desde los artículos de uso cotidiano, como el dentífrico, hasta la maquinaria agrícola que, en pocas décadas, convirtió a la región de Santa Cruz de bucólica zona rural en pujante polo modernizador.

Por otro lado, la China, pese a su presencia novedosa y al misterio que despierta en el imaginario colectivo, está incorporándose agresivamente en el quehacer económico y comercial boliviano y regional. La potencia asiática encontró un terreno fértil a sus propósitos hegemónicos y esto, claro, debido al repliegue en América latina de la influencia Estadounidense; a la indiferencia Europea, que hoy vive impotente su propia crisis; y a la apatía Rusa, cuyo objetivo mayor es lograr preeminencia en el Atlántico Norte, en el Este de Europa y en la zona de conflicto de Oriente medio. Ilustrado de manera menos literaria: la China está desplegando en América latina un estilo de expansión neocolonial cuyo impacto aún no está siendo evaluado. Los bolivianos, y por extensión los latinoamericanos, a estas alturas, harían bien en cuestionarse cómo opera el capitalismo Chino, para asimilarlo; pues, por el ímpetu que trae, anuncia que su presencia en el Continente no será pasajera.

En síntesis, más allá de las conjeturas, fatal o felizmente, la realidad sitúa hoy a Bolivia como el territorio más fácil a franquear entre estos pujantes polos económicos de intercambio. Bolivia, la altiplánica, si las metáforas ayudan a describir las realidades económicas, no es más que una estepa intermedia, como las que articulaban otrora el camino de la seda; no es más que un istmo continental en la línea de una sólida y madura ruta comercial.

En lo que se refiere al segundo factor: la producción minera, el precio de los minerales y la evolución de la extracción minera impactaron constantemente en el desenvolvimiento boliviano. El litio, actualmente, es el mineral faro, que se encuentra en el foco del debate; sin embargo, existen otros minerales que juegan un rol más discreto, pero no menos importante en el renacimiento de la minería boliviana. Es el caso de la plata, el plomo, el estaño, el wólfram y el zinc, que permanentemente fueron extraídos de los socavones por los mineros, y que hoy son requeridos por la industria electrónica de punta. Si el litio es esencial al almacenamiento de energía; los otros metales son complementarios en la fabricación de los microcircuitos eléctricos y en la construcción de las herramientas domésticas e industriales del hombre moderno.

La debacle minera, el cierre y el despido masivo de trabajadores, al declararse en quiebra la principal empresa estatal, la *Corporación Minera de Bolivia*, en 1985, provocó el surgimiento de una serie de cooperativas mineras, de tecnología rudimentaria. Allí se refugiaron los trabajadores mineros que no se sentían capaces de reconvertirse profesionalmente.

El Estado tardó casi dos décadas en rehabilitar y poner en funcionamiento la empresa estatal, que finalmente fue consolidada en la coyuntura vigente. Paralelamente, las cooperativas obtuvieron la legalidad que les dio la perseverancia y, en la actualidad, se constituyen en medianas empresas capaces de disputar al Estado parte del festín que ofrece la subida de precios de los minerales. El resultado, el surgimiento de conflictos, incluso sangrientos, que indujeron a establecer una legislación conciliadora que tendrá que ser acatada por el sector cooperativista que, por otro lado, gracias a su fortaleza organizativa, adquirió una gran capacidad de negociación frente al Estado. La nueva ley de minería y metalurgia fue aprobada en mayo de 2014.

Asimismo, el nuevo flujo de la alza de los minerales y el excedente que genera posibilitan un ahorro financiero importante y renueva la vieja aspiración nacional: trasformar las materias primas, añadiéndoles un valor suplementario. La industria del litio, con la planta de Uyuni, tiene ese objetivo; lo mismo que la puesta en marcha de la fundición de Karachipanpa, dedicada al enriquecimiento del plomo y de la plata. Este proyecto vio luz, después de treinta años de incertidumbre, y tiene una capacidad de producción de 2000 toneladas métricas mensuales. La industria siderúrgica de Karachipampa, es pertinente señalarlo, para poner en relieve la influencia de China, fue rehabilitada con la intervención de la empresa *Henan Complant Mechanical & Electrical* proveniente del país asiático.

En tercer lugar, recordemos que el gas posee gran significación en el origen y desenvolvimiento de la coyuntura que atraviesa la sociedad boliviana. Las concepciones ideológicas y los intereses privados que representaba el gobierno de Sánchez de Lozada, en cuanto al recurso energético, condujeron a su suicidio político y el del viejo régimen. La estrategia del MNR, asentada sobre una ortodoxia neoliberal, carente de visión social, no solamente desarticuló a la derecha, desnudándola en su simpleza mental, en su desconocimiento del país, sino también en su desconocimiento de la cultura capitalista del mundo contemporáneo. El éxito capitalista moderno reside en la innovación, la flexibilidad, la sustentabilidad social de las inversiones y el compromiso medioambiental. Lo que implica un compromiso social explícito, aun sea a veces solamente simbólico. Sánchez de Lozada, en tal sentido, quizás representó uno de los últimos capitalistas provinciales que concebía el poder político como fuente de enriquecimiento privado; lo paradójico es que él mismo no pudo sustraerse de la tarea de fortalecimiento de la sociedad civil, derivada como resultado de la transición democrática. Así, su gobierno estimuló, por ejemplo, la Ley de participación popular que apaciguó las ambiciones de dominación de la minúscula oligarquía a la que representaba, pero ese es otro tema.

Entonces, retomando la cuestión del gas, hay que decir que el actual régimen, hizo de la gestión del recurso el pívot de su estrategia económica. La discusión si el régimen realizó o no una nacionalización queda como una preocupación bizantina; lo cierto es que el sistema empresarial adoptado por el Estado, para administrar la explotación del recurso, se adscribe al modelo capitalista "mixto", en el cual la empresa estatal, YPFB, toma las iniciativas en la puesta en marcha de *jointventures* con empresas transnacionales. Es decir estableció asociaciones de riesgo y beneficio entre el Estado y las grandes petroleras como, por ejemplo, *Repsol*, *PetroBrasil*, o con empresas sub-contratantes. En síntesis, la cuestión no es si hubo o no hubo nacionalización, como reclaman los nostálgicos del nacionalismo revolucionario; la cuestión es si el Estado logra comportarse como un verdadero socio dominante capaz de gestionar la empresa con eficacia administrativa y técnica.

Finalmente digamos que el gas le ha dado al gobierno la posibilidad de desatar un programa de redistribución de la riqueza fomentando la inversión pública y sobre todo proveyendo bonos que, en lo económico, buscan estimular el consumo de los sectores desfavorecidos. Para dar una idea del significado del aporte de las exportaciones del gas a la hacienda del Estado, digamos que el valor de las exportaciones, en 2014, creció 7,2% respecto a 2013. En valor monetario se pasó de $us 10.266,8 millones a $us 11.005,8. El gas natural es el principal producto boliviano comercializado en mercados internacionales, le siguen en importancia el oro metálico, la soya, el zinc y la plata (INE-Bolivia 2014).

La ruta del litio y "la revolución del automóvil" en los Andes.

A principios de los años noventa se abrió un mercado de contrabando de vehículos de segunda mano provenientes del Asia. Los primeros vehículos introducidos de esa manera vinieron destinados especialmente al servicio público, pues otra de las secuelas del colapso económico de los años ochenta fue el crecimiento desmesurado de las ciudades y la migración de la población rural empobrecida: el transporte urbano quedó obsoleto. Entonces los vehículos de segunda mano, principalmente taxis y minibuses, vinieron a paliar la situación gracias a que tenían un costo bajísimo; hecho que además permitió que un gran número de desempleados encontraran una alternativa de autoempleo en este rubro.

Los vehículos de segunda mano, importados del Asia, podían comprarse hasta en 500 dólares. Quienes tenían un poco más de capital compraban camiones para destinarlos al trasporte de mercaderías. La "revolución del automóvil" se inició de esa manera en Bolivia. Tener vehículo propio ya no fue el privilegio de la reducida clase media atrincherada en los barrios pitucos. Por otro parte, como una década antes ya se había adaptado el funcionamiento de los automotores al gas licuado, el reducido precio del combustible ayudó a la expansión del parque vehicular. El automóvil tuvo un impacto similar a aquel que produjo su masificación en otras sociedades: se acrecentó la movilidad de las personas, su independencia y su participación activa en el consumo.

El panorama actual ha variado enormemente, pues a lado del contrabando de los vehículos "chutos", literalmente falsos, el mercado de los vehículos nuevos se ha acrecentado substancialmente en los dos últimos años. De esa manera, para proteger el nuevo sector comercial, cuyos impuestos benefician las cuentas fiscales, el gobierno lanzó una campaña de represión de los vehículos introducidos ilegalmente en Bolivia. Según datos oficiales, existirían en la actualidad unos 33 mil vehículos ilegales y también se anota la existencia de alrededor de 10 mil "placas clonadas", eso quiere decir que una misma placa, matrícula, está siendo utilizada por uno o más vehículos.

En suma, los automóviles son un aspecto importante de la transformación cultural que acontece en Bolivia, pero es interesante hacer notar también que la importación de automotores implica otras mutaciones no menos impactantes; pues junto a los vehículos de segunda mano, destinados a uso público y privado, llegan camiones y otro tipo de vehículos utilitarios, lo cual dinamiza la economía de las pequeñas y medianas empresas y la economía campesina.

Aumento de la productividad en las propiedades agrícolas del Altiplano, de los valles Andinos y de la colonización

La reforma agraria de 1952 resolvió mal el problema de la tenencia de tierra en el altiplano y los Andes. La resolución fue política: liberar a los indios del régimen feudal y dotarles de propiedad individual. Se parcelaron las haciendas y se restituyeron las tierras comunales, esencialmente la de los ayllus aimaras. El MNR, en el alba de la revolución nacional, carecía de un proyecto económico agrario destinado a la región andina; es más, el Estado orientó intencionalmente todos sus esfuerzos a desarrollar la agricultura capitalista en el departamento de Santa Cruz y el surgimiento de la mediana propiedad campesina en las tierras tropicales, la denominada colonización (Albó 1978).

En tal escenario, el complejo sistema de la economía andina y el campesinado jugaron un rol pasivo y funcional respecto del desarrollo. Por un lado, las unidades campesinas, debido al estado de su fraccionamiento, fueron incapaces de disputar los recursos públicos destinados al desarrollo agrícola y, por otro, parecían destinadas a la subsistencia y a constituirse sólo en fuente de provisión de mano de obra para la agroindustria cruceña. Sin embargo, esta realidad de desequilibrio, arrastrada durante varias décadas, experimenta una clara mutación la primera década del presente siglo. Es decir, la economía campesina, en los Andes y en las aéreas de colonización, sobrepasa por fin las fronteras que la separaban de la modernidad, gracias a tres hechos: el aumento de la productividad fruto de la introducción de tecnologías apropiadas; la cualificación técnica de los recursos humanos que se acompaña con el surgimiento de campesinos innovadores; y, quizás el más importante, el aprovechamiento de las ventajas comparativas ligadas al cultivo de productos agrícolas aptos de comercializarse al exterior del Continente.

Ahora bien, la eficacia productiva se vio estimulada por el deseo de conseguir mayores rendimientos a través de la introducción de técnicas modernas y de la actualización de las tradicionales; también se vio asociada a la voluntad de mecanizar los procesos agrícolas y, complementariamente, a la utilización de insumos. Por último, la eficacia productiva responde a la demanda del mercado internacional y a la capacidad de los productores para satisfacerla. Naturalmente la eficacia productiva fue ejecutada en rubros específicos: en la producción de quinua, en el altiplano, y del cacao, en las unidades campesinas de la colonización, en la región tropical.

El cultivo de la quinua cobró impulso en la década de los años noventa y también transformó la mentalidad de los productores, quienes supieron adaptarse a las estrictas normas de calidad exigidas por el mercado europeo y norteamericano. Según datos oficiales la producción se acrecentó en volumen y pasó de 2.833 toneladas en 2003 a 26.256 en 2012; en el mismo periodo su valor monetario pasó de 3.1 millones de dólares a 79.9 millones. Las cifras expuestas dejan ver la cuantía que adquirió el grano en el seno de la economía de la zona andina. Así, en el cuadro del mercado internacional, según la Cámara de productores de quinua, organización que federa las empresas del sector, Bolivia domina el 46 % del ese mercado y hoy, en las estadísticas nacionales, pasó a ocupar el 70% de las exportaciones agrícolas. Por otra parte, el área de cultivo de la quinua cuadriplicó su volumen: de 38.442 hectáreas sembradas en 1992 a 131.192 hectáreas en 2012.

¿Y qué sucede con los otros cultivos tradicionales que se efectúan en el altiplano? En realidad, el primer cultivo andino es la papa, le siguen los cereales introducidos por los españoles: trigo y cebada. En el primer caso, aunque Bolivia puede autoabastecerse fácilmente, es difícil que este tubérculo pueda convertirse en una alternativa económica de exportación. Bolivia nunca pudo competir con la Argentina, Chile o Perú, donde la papa se produce a través de sistemas intensivos y mecanizados. Lo mismo ocurre con los cereales. Para decir algo, las zonas trigueras del Norte de Potosí fueron condenadas, a fines del siglo XIX, como efecto de la importación de harina que primeramente llegó de Chile y, luego, cuando la industria molinera argentina sofocó al resto de los cultivos de cereales del país. Desde entonces, el trigo se lo cultiva de manera doméstica, en los valles interandinos, y la cebada es sembrada sólo para uso forrajero. Retornando a lo que nos atañe, la quinua por el momento, está protegida, pues tiene la virtud de adaptarse perfectamente a las condiciones ecológicas del altiplano andino; mientras no se desarrollen variedades adaptadas a otros climas, la exclusividad productiva está implantada en las salinas altiplánicas que se extienden desde el medio Desaguadero hasta el Salar de Uyuni.

Respecto del cacao, este permite el bienestar de gran número de campesinos colonizadores y, si bien estuvo rodeado de restricciones en su expansión hacia el mercado externo, tuvo un crecimiento notable: un 60% en los últimos cinco años. Hay que decir que Bolivia fue uno de los últimos países latinoamericanos en haberse incorporado a la carrera exportadora; sin embargo su presencia en el mercado del cacao ahora está asegurada gracias a que cuenta como principales clientes Alemania, Suiza e Italia. En términos de superficie cultivada, en un periodo de diez años, esta se duplicó, pasando de 4.378 hectáreas, en 1992, a la extensión de 10.517 hectáreas, en 2012.

Otro factor llamativo, para comprender la dinámica de la economía campesina en los Andes, es el nivel de capacitación técnica adquirida por los campesinos y la intervención cada vez mayor de recursos humanos profesionales, ingenieros y técnicos, en la gestión de la producción agrícola. En concreto, nos referimos al proceso de educación formal y no formal que se generalizó en el área rural, con el fin de estimular el desarrollo agropecuario, luego de la revolución del 1952. Los programas de formación y capacitación tomaron mayor fuerza en la década de los años ochenta, a través de la creación de la carrera de ingeniería agrícola en las universidades del Altiplano: La Paz, Oruro y Potosí. En la misma década, las ONGs y las Iglesias ofrecieron a los jóvenes campesinos, que no necesariamente llegarían a la universidad, planes de formación técnica adaptadas a las necesidades de las comunidades. El caso del Instituto Politécnico "Tomas Katari", es un ejemplo; asimismo el proyecto de Centros Técnicos Humanísticos (Cetha) gestionado por la Iglesia católica, en el altiplano. En tal sentido, no existe todavía un balance del impacto que produjo la capacitación, y la formación técnica, en los cambios operados en el sistema productivo campesino; sin embargo, para nosotros, la presencia de técnicos e ingenieros, mayoritariamente de origen campesino, es un factor fundamental para la transformación productiva de la economía campesina en el altiplano.

En síntesis, la economía campesina de los Andes está pasando de la economía doméstica y de subsistencia, cuya realización mercantil era local, a una fase de economía capitalista abierta al mercado exterior y cuyos pilares son:

intensificación productiva, el estímulo de la demanda internacional, la tecnificación de los recursos humanos y una mecanización asociada a "revolución del automóvil". Otros aspectos de la transformación productiva de la economía campesina andina son: la introducción de invernaderos que diversifican la producción familiar y de mercado; la utilización de energía solar; y, sin duda, el uso cada vez más generalizado de las nuevas tecnologías de comunicación como el teléfono móvil e internet.

El rol de la burguesía en el "milagro boliviano"

Un elemento clave en el despegue económico son sin duda los empresarios privados, la burguesía nacional. El actual Estado boliviano ha aceptado que no es un Estado socialista, centralizado. Lejos estamos de los discursos encendidos que desplegó el partido gobernante antes de su acceso al poder, en 2005. De la misma manera, la burguesía boliviana y su organización económica, la Confederación de Empresarios de Bolivia (CEPB), que se condujo con suspicacia los primeros años del nuevo régimen, fueron atemperando sus posiciones a medida que se convencían que la economía del país adquiría un crecimiento y que había una mayor estabilidad social. La época de las huelgas continúas y de los bloqueos, tan temidos por los empresarios, cedieron a la bonanza.

Entonces la CEPB cambió de actitud y tomó el papel de garante de la prosperidad. También renunció a las posturas antigubernamentales que había enarbolado anteriormente. Por otro lado, en la negociación con el Estado, a nivel de las políticas sociales, *vis-à-vis* los trabajadores, los empresarios demostraron, como nunca, un estilo proactivo, propio al que cumplen los empresarios al interior de un Estado benefactor. El optimismo empresarial se hizo consecuente con el auge económico, que, en otros términos, se traduce en ganancias para ellos, aumento en el nivel del consumo para la población, y, naturalmente, en la expansión del mercado interno y de las exportaciones.

Para concluir, si evaluamos el comportamiento político de los actores, digamos que la iniciativa de la acción pasó de los sectores populares y asalariados a los agentes económicos empresariales. En otras palabras, la actitud de los empresarios coadyuvó a dar fin con la derecha conspirativa y dio lugar a una derecha pragmática, preocupada porque los negocios marchen eficazmente en el país.

El papel del Estado en el despegue económico

La política económica boliviana, fuertemente impactada por el modelo de globalización capitalista, se ha tenido que adaptar y ha pasado de un neoliberalismo descarriado a un liberalismo moderado. Considerando que un programa de desarrollo socialista hubiera sido insostenible, el nuevo régimen optó por un realismo instrumental, centrista. El viraje fue paulatino, un acto de supervivencia tendiente a realizar una estrategia economicista y tecnocrática a largo plazo. Así, hoy, el Estado se atribuye un rol múltiple: socio mayoritario en las empresas estratégicas; agente de fomento de la industria nacional y de las pequeñas y medianas empresas; y protector de las asociaciones de producción campesinas. Como corolario, está jugando como árbitro neutral en los conflictos obrero patronales. Y quizás, en tal sentido, hay que preguntarse: ¿cuáles son los presupuestos y justificativos ideológicos del viraje estatal? Para nosotros, las concepciones de acción del Estado tienen una explicación genética. Es decir, el nuevo régimen hereda y reproduce, a pesar suyo, el legado que dejó el nacionalismo revolucionario, el MNR; pues esta ideología de acción, quiéranlo o no los bolivianos, como lo intuyó René Zavaleta, forma parte esencial del pensamiento constitutivo de la cultura política de las masas.

El nuevo régimen boliviano ha remozado el nacionalismo revolucionario, a través de un giro centrista que le permite consolidar su hegemonía. El ardid, retoma con énfasis discursivo las ideas fuertes sobre las cuales se desarrollaron las luchas sociales en Bolivia y que emanan de las tesis obreras de Pulacayo de 1945, del Congreso Indigenal de 1946 y de la revolución del 9 de abril de 1952. El detalle empírico de la temperancia nacionalista, del giro "centrista", lo selló el alejamiento del gobierno de sus mentores más radicales: Filemón Escobar, Silvia Rivera, Alejandro Almaraz, Renato Prada, quienes cedieron su lugar a una capa burocrática políticamente mansa, ávida y que asume el indigenismo sin melindrerías.

En síntesis, el proyecto de desarrollo económico puesto en marcha por el régimen se justifica por medio de una ideología nacionalista, pero, en realidad, está modelado por las fuerzas exógenas del mercado, cuyo actor dominante constituye la China, y sobre una matriz nacionalista revolucionaria.

Conclusiones

Es posible que el despegue económico boliviano no conduzca a una revolución industrial, es decir a la puesta en pie de un sistema industrial integrado y sostenible en el tiempo, pues los factores geográficos y demográficos no contribuyen en tal sentido: la densidad demográfica continuará estable y, por tanto, el mercado interior se mantendrá reducido. Sin embargo, una cosa es evidente,

Bolivia vive una "revolución modernizadora", a la escala a la que puede aspirar un país con una larga historia de dependencia.

En lo cultural, el despegue económico está transformando en profundidad la mentalidad económica de la población, disponiéndola a la adopción de las innovaciones tecnológicas, tanto a nivel de la vida cotidiana como a nivel de los procesos productivos.

En cuanto a los conflictos, la lucha política aparece menos descarnada, porque los recursos, en todos sus aspectos, han dejado de ser escasos; el excedente, de otra parte, aplacó la exacerbada politización del espacio público. Un signo a tener en cuenta es la simplificación de la representación partidaria; en las últimas elecciones de octubre 2014 participaron solamente cinco fuerzas políticas, fenómeno novedoso, si consideramos la proliferación de partidos al inicio de la transición democrática, en 1983. En tal horizonte, las ideologías de izquierda y derecha se confunden en los proyectos consensuales que tanto la burguesía, las clases medias y los sectores populares pretenden realizar.

Los desafíos del Estado, por ahora, son simples: mantener de manera sostenida el crecimiento y velar para que la desigualdad social no ensanche la brecha desestabilizadora que amenaza la democracia.

La cuestión de la producción de coca es un tema delicado en Bolivia y una especie de tabú para la investigación económica y sociológica. Hoy en día no es difícil saber cuál es volumen de hectáreas cultivadas y de la producción; asimismo, es relativamente sencillo estimar la cantidad de hoja de coca destinada a los usos tradicionales: como medicamento, en la masticación o en los usos rituales; a pesar de la objetividad estadística, la sociología en Bolivia no se atreve correlacionar la producción de la coca con el impulso económico que adquirió el sistema.

Por último, la amenaza continúa siendo la corrupción y el crecimiento de la economía ilegal gestada a partir del narcotráfico, que, además, prospera junto al contrabando. Es importante advertir que la economía ilegal no debe ser confundida con la economía informal. Esta última está ligada sobre todo a la desinstitucionalización del mercado interior.

BIBLIOGRAFÍA

Albó, Xavier (1978). *¿Bodas de oro o réquiem para la Reforma Agraria?*, Cipca, La Paz.

Andref, Wladimir et **Pastré**, Olivier (2002). "Les 'pays émergents' vont-ils enfin émerger?" en Jean-marie Chevalier et Olivier pastré (edit), *Où va l'économie mondiale? Scénarios et mesures d'urgence.* Odile Jacob, Paris. pp 51-61.

Bäck, Henry et al. (1993). "La participation électorale des immigrés en Suède" en Le Cour Grandmison, Olivier (edit), *Les étrangers dans la cité.* La Découverte, Paris. pp 121-131.

Bastian, Jean-Pierre (1997). "Le monopole de l'Eglise catholique menacé" en Couffignal, Georges (edit). *Amérique latine, tournant de siècle.* La Découverte. Paris. pp 125-136.

Beach, Derek y **Mazzucelli**, Colette (2006). *Leadership in the big bangs of European integration.* Palgrave Macmillan, New York.

Beach, Derek (2005). *The dynamics of European integration : why and when EU institutions matter.* Palgrave Macmillan, New York.

Beauchesne, Marie-Noël (1993) "Compte rendu : Les étrangers dans la ville", *Critique régionale. Cahiers de sociologie et d'Economie Régionales*, N° 19, pp 91-103.

Bonilla, Adrián et **Long**, Guillaume (2010). "Un nuevo regionalismo sudamericano", *Iconos*, N° 38, Ecuador. pp 23-28.

Börzel, Tanya A (2005). *The disparity of European integration : revisiting neofunctionalism in honour of Ernst Haas.* Routledge, London.

Busemeyer, Marius R. (2007). "Determinants of public Educations Spending in 21 OECD Democraties 1980-2001", Journal of European Public Policy, Vol. 14, N° 4. pp 582-610.

Castañeda, Jorge (1995). *La utopía desarmada.* Planeta, Barcelona.

CEPB (2014). *La economía en la gestión 2013 y perspectivas para la gestión 2014.* CEPB, La Paz.

CEPB (2014). *Comunicado de prensa: Empresarios intercambian criterios sobre Anteproyecto de Ley de Arbitraje y Conciliación.* CEPB, La Paz.

Chalumeau, Jean-Luc (1997) "L'heure des regroupements régionaux" en Couffignal, Georges (edit). *Amérique latine, tournant de siècle.* La Découverte, Paris. pp 57-68.

Chapoulie, Jean-Michel (2001). *La tradition sociologique de Chicago 1892-1961*, Seuil, Paris.

Checa Olmos, Juan Carlos y **Arjona Garrido**, Angeles (2005). "Análisis comparativo de las migraciones de retorno desde Bélgica y Argentina hacia Andalucía (España)", *Estudios Migratorios Latinoamericanos*, Año 19, 56, 65-93.

Clara Cortina, Albert Esteve et **Andreu**, Domingo (2006). "Pautas matrimoniales de los inmigrantes latinoamericanos en España", Universitat Autónoma de Barcelona, Espagne . *Seminario de investigación "Las migraciones América latina-Europa: realidades, conceptos y debates"*, UCL, Louvain-la-Neuve, Belgique, 8 Novebre 2006.

Cohen, Philippe et **Richard**, Luc (2005). *La Chine sera-t-elle notre cauchemar? Les dégâts du libéral-communisme en Chine et dans le monde.* Mille et une nuits, Paris.

Contreras, Rodrigo (2007). *La dictature de Pinochet en perspective. Sociologie d'une révolution capitialiste et néoconservatrice.* L'Harmattan, Paris.

Couffignal, Georges et al. (1997). *Amérique latine, tournant de siècle*. La Découverte, Paris.

Dangl, Benjamin (2014). *Dancing with Dynamite: Social Movements and States in Latin America*. AKpress, Baltimore.

Delich, Francisco (2004). *Repensar América latina*. Buenos Aires, Gedisa.

Eco, Umberto (2000). *Cinq questions de morale*. Grasset, Paris.

Esteve, Albert y **McCaa**, Robert (2007). "Homogamia educacional en México y Brasil, 1970-2000: Pautas y tendencias", *Latin American Research Review*, Vol. 42, N° 2, p. 56-81.

Faux, Jean Marie (1993). *Réfugies et nouvelles migrations*. IET, Bruxelles.

Fucuyama, Francis (1993). *The End of History and The Las Man*. Avon Books, New York.

Giddens, Anthony, (2007). *Europe in The Global Age*. Politiy Press, Cambridge.

Glucksmann, André (2002). *Dostoïevski à Manhattan*. Robert Laffont, Paris.

Gómez Ciriano, Emilio (2001). "Ecuatorianos en España: historia de una inmigración reciente", *Ecuador Debate*, N°54. pp 175-187.

Gonzales, Juan (2000). *Harvest of Empire. A History of latinos in America*. Penguin Books, New York.

Grossutti, Javier P. (2005). "De Argentina al Friuli, Italia (1989-1994) ¿Un caso de migración de retorno?", *Estudios Migratorios Latinoamericanos*, Año 19, 56, pp 97-120.

Huntington, Samuel P. (2005). *Who are We? America's Great Debate*. Free Press, London.

Instituto Nacional de Estadísticas Bolivia (2014). *Cuentas Nacionales*. INE, La Paz.

Instituto Nacional de Estadísticas de Chile-Cepal (2003). *Chile: proyecciones y estimaciones de Población 1950-2050*. INE, Santiago.

Instituto Nacional de Estadísticas de Chile (2003). *Censo 2002. Síntesis de resultados*. INE, Santiago.

Kantner, Cathleen et **Liberatore**, Angela (2006). "Security and Democracy in the Eurpean Union: An Introductory Framework", *European Security*, Vol. 15, N° 4, pp 363-383.

Laplantine, François (1997). "Les atouts d'une culture metisse" en **Couffignal**, Georges (edit). *Amérique latine, tournant de siècle*. La Découverte, Paris. pp 107-113.

Lévy, Bernard-Henri (2006). *American Vertigo*. Grasset, Paris.

Machicado, C. G. et al. (2012). *Factores que inciden en el crecimiento y el desarrollo en Bolivia. Análisis nacional y regional (1989-2009)*. Instituto de Estudios Avanzados para el Desarrollo, La Paz.

Martner, Gonzalo (2012). "Dilemas del socialismo moderno. Más acá de la utopía, más allá del pragmatismo", *Nueva Sociedad*, N° 241, Buenos Aires, pp 22-34.

Marx, Karl (1978). *Contribución a la Crítica de la Economía Política*. Siglo XXI, México.

Molina, Fernando (2014). "La oposición boliviana, entre la "política de la fe" y la "política del escepticismo", *Nueva Sociedad*, N° 254, Buenos Aires, pp 149-158.

OCDE (2006). *Perspectives des migrations internationales*. SOPEMI, Paris.

Orozco, Manuel, (2006). Immigration, remittances and development: responding to regional dynamics. (Paper presented before the Committee on International Relations). Inter-American Dialogue, Washington.

Ortiz Crespo, Santiago et Mayorga, Fernando (2012). "Movimientos sociales, estado y democracia en Bolivia y Ecuador en el tránsito del neoliberalismo al postneoliberalismo", *Iconos*, N° 44, Ecuador, pp 11-17.

Papom, Pierre (2006). "L'Europe de la recherche: une réponse aux défis de l'avenir", *Journal of European Integration History*, Vol. 12, N° 2, p. 11-26.

Paz, Octavio (1985). *Une planète et quatre ou cinq mondes. Réflexions sur l'histoire contemporaine*. Gallimard, Paris.

Paz, Octavio (1993). *Itinerario*. Seix Barral, Barcelona

Portes, Alejandro (2002). "La sociología en el hemisferio. Hacia una nueva agenda conceptual", *Nueva Sociedad*, 178, 126-144.

Portes, Alejandro (1995). *The Sociology of Immigration. Essays on Networks, Ethnicity, and Entrepreneurship*. Russell Sage Foundation, New York.

Portes, Alejandro y Rumbaut, Rubén G. (2001). *Legacies. The Story of Tha Immigrant Second Genertion*. University of California Press-Russell Sage Fondation, Los Angeles.

Pouyllau, Michel (1992). *Le Venezuela*. Karthala, Paris.

Powers, William (2014). *Whispering in the Giant's Ear: A Frontline Chronicle from Bolivia's War on Globalization*. Bloomsbury, New York.

Quenan, Carlos (1997). "Peut-on parler d'économies émergentes en Amérique Latine? " en Couffignal, Georges (edit). *Amérique latine, tournant de siècle*. La Découverte. Paris, 1997. pp 36-56.

Ramírez, Sergio (2011). *Adiós muchachos*. Punto de lectura, Madrid.

Revel, Jean-François (2002). *L'obsession anti-américaine: son fonctionnement, ses causes, ses conséquences*. Plon, París.

Roger, Philippe (2004). *L'Ennemi américain : Généalogie de l'antiaméricanisme français*. Seuil, París.

Rostow, W. W. (1991). *The Stages of Economic Growth: A Non-Communist Manifesto*. Cambridge University Press, Cambridge.

Rouquié, Alain (1998). *Amérique latine; introduction à l'Extrême-Occident*. Du Seuil, Paris.

Schwartz Cowan, Ruth (1997). *A Social History of American Technology*. Oxford University Press. London.

Sandoval Palacios, Juan Manuel (2007) "Las luchas de los mexicanos por la ciudadanización en Estados Unidos", *Iberoamericana*, Vol VII, N° 25, p. 93-114.

Sauvy, Alfred (2000). *La viellesse des nations*. Gallimard, France.

Shultz, Jim et Crane Draper, Melissa (2009). *Dignity and Defiance: Stories from Bolivia's Challenge to Globalization*. University of California Press, Berkeley.

Sojo, Carlos (2007). "La reforma democrática del Estado en Centroamérica", *Nueva Sociedad*, N° 210, pp 173-188.

Spitales, Guy (2003). *L'improbable équilibre*. Luc Pire, Bruxelles.

Spitales, Guy (2005). *La triple insurrection islamiste*. Luc Pire-Fayard, Paris.

Stols, Eddy (1998). *"Utopies, mirages et fièvres latino-américains" en Anne Morelli. Les émigres belges*. Ecvo-histoire, Bruxelles.

Sutton, John (2006). "Globalization: A European Perspective" en Anthony Giddens, Patrick Diamond y Roger liddle (edits), *A Social Model for Europe*, Polity Press, Cambridge, p. 14-36.

Tassi, Nico, et al. (2014). "El desborde económico popular en Bolivia: comerciantes aymaras en el mundo global", *Nueva Sociedad*, N° 241, Buenos Aires, pp 95-105.

Todd, Emmanuel (1999). *La diversité du monde. Famille et modernité.* Seuil, Paris.

Todd, Emmanuel (2002). *Après l'empire. Essai sur la décomposition du systéme americain.* Gallimard, Paris.

Touraine, Alain (1988). *La parole et le sang. Politique et société en Amérique Latine.* Odile Jacob, Paris.

Zalles, Alberto A. (2002). "El enjambramiento cultural de los bolivianos en Argentina", *Nueva Sociedad*, 178, pp 89-103.

Zavaleta Mercado, René (1983). *La masas en noviembre.* Juventud, La Paz.

Zavaleta Mercado, René (1988). *Clases sociales y conocimiento.* Los Amigos del Libro, La Paz.

ÍNDICE

OTRAS PUBLICACIONES DEL AUTOR

Novela
Una cuestión de familia.
Cañada Strongest.
París 13 de noviembre.

Cuentos
Ensueños tropicales.
Las amigas de Almudena.

Ensayo
Bolivia; diez ensayos esenciales.

www.ingramcontent.com/pod-product-compliance
Lightning Source LLC
Chambersburg PA
CBHW050405290526
45786CB00003B/1139

* 9 781542 388566 *